中国金融四十人论坛

CHINA FINANCE 40 FORUM

致力于夯实中国金融学术基础，探究金融领域前沿课题，
引领金融理念突破与创新，推动中国金融改革与发展。

开发性金融创世记

吴雨珊◎著

中信出版集团 · 北京

图书在版编目（CIP）数据

开发性金融创世记 / 吴雨珊著 . -- 北京 : 中信出版社 , 2018.4

ISBN 978-7-5086-8766-7

Ⅰ . ①开… Ⅱ . ①吴… Ⅲ . ①开发银行 – 银行史 – 中国 Ⅳ . ① F832.97

中国版本图书馆 CIP 数据核字 (2018) 第 049616 号

开发性金融创世记

著　　者：吴雨珊
出版发行：中信出版集团股份有限公司
（北京市朝阳区惠新东街甲 4 号富盛大厦 2 座　邮编　100029）
承 印 者：北京诚信伟业印刷有限公司

开　　本：787mm×1092mm　1/16　　印　　张：19.5　　字　　数：200 千字
版　　次：2018 年 4 月第 1 版　　印　　次：2018 年 4 月第 1 次印刷
广告经营许可证：京朝工商广字第 8087 号
书　　号：ISBN 978–7–5086–8766–7
定　　价：59.00 元

中国金融四十人论坛书系
CHINA FINANCE 40 FORUM BOOKS

"中国金融四十人论坛书系"专注于宏观经济和金融领域，着力金融政策研究，力图引领金融理念突破与创新，打造高端、权威、兼具学术品质与政策价值的智库书系品牌。

中国金融四十人论坛是中国最具影响力的非官方、非营利性金融专业智库平台，专注于经济金融领域的政策研究与交流。论坛正式成员由40位40岁上下的金融精锐组成，即"40×40俱乐部"。论坛致力于以前瞻视野和探索精神，夯实中国金融学术基础，研究金融领域前沿课题，推动中国金融业改革与发展。

自2009年以来，"中国金融四十人论坛书系"及旗下"新金融书系"已出版100余本专著、文集。凭借深入、严谨、前沿的研究成果，该书系已经在金融业内积累了良好口碑，并形成了广泛的影响力。

目录

引　子

2017年5月31日，一个宁静夏日的上午，北京一个充满中国特色的四合院里，哥伦比亚大学教授帕特里克·博尔顿（Patrick Bolton）兴致勃勃地拜会了陈元，向他请教开发性金融理论的由来，“芜湖模式”怎么在20年前的中国土壤上生根发芽，国开行怎么支持华为等民营企业在国际市场攻城拔寨……这些故事博尔顿也许曾在某些报道或书籍中看过，但亲耳聆听故事的主角用他自己的视角和情感，在谈笑风生中讲述出来，感觉更加的生动与真切。

这位著名的经济金融学家4月份刚在欧洲顶级经济学杂志 *Economic Policy*（《经济政策》）上发表了一篇研究开发性金融的论文。[①] 他的合作者是两位同样重量级的经济学家：国际货币基金组织经济学家拉巴·阿尔扎基（Rabah Arezki）、诺贝尔经济学

---

① Arezki. Rabah, Bolton. Patrick, Peters. Sanjay et al. From global savings glut to financing infrastructure [J]. Economic Policy，2017(4):221–261.

获得者约瑟夫·斯蒂格利茨（Joseph Stiglitz）。这篇论文系统地向西方读者介绍了中国的开发性理论，更从西方经济学理论的角度，论证了这套理论对世界金融理论的重大原创性贡献。当帕特里克·博尔顿有机会来到中国时，第一个想见的人就是开发性金融理论的缔造者和实践者——陈元。

博尔顿说，“开发性金融”不仅是一个名称，而且是一套完整的创新做法，既不同于传统的商业银行，也不同于依靠财政支持的政策性银行，是一个全新的领域。这个模式将政府和银行的力量相结合，能够创造价值、产生收益，进而推进经济发展。“芜湖模式”在中国一炮打响，在全球范围内也具有重要的借鉴价值。

他认为，对开发性金融的认识还需要克服一个相对固化的意识形态障碍：主流的经济学认为开发性金融并不赚钱，是赔钱的。但实际上，从经济学的角度来看，开发性金融填补了中长期投资的空白，它的盈利性是完全站得住脚的，而且开行的成功让世人瞠目结舌。“有‘芜湖模式’这样一个成功先例在前，我们还是应该学习开行的经验。”博尔顿说。

开发性金融理论在国内得到高层肯定，并在国际理论界获得高度认可，在多年前这是不可想象的，这段路走了足足 20 年。

1994 年，国家开发银行担负着开启投融资体制改革的历史使命，独撑起三峡工程这样的巨型项目。然而，亚洲金融危机的影响、国有企业负重改革、传统金融体制积弊以及国开行自身的经营模式等问题，使得这家银行 1998 年的不良贷款率高达 42.65%。这一年，陈元抱着创业的心态走进国家开发银行，提出了“在市场环境下、银行框架内”办银行的新思路。“对拖欠贷款的企业，我们绝对不能放贷，即使有六个副总理给我写纸条，我们也没放。”陈元谈起当年的情形依然记忆犹新。

一方面要顶住压力，另一方面则是不断创新，用新模式、新方法去击穿一个个难题。比如，债券摊派销售难以为继，就尝试市场化发债；市场缺乏信用，就用融资撬动政府、企业等各方建立信用机制；传统贷款模式无法撬动某些战略性重大项目，就创设新的融资模式……正如陈元所讲，“开发性金融是一个创造市场的过程，面对大量的市场缺损和空白，它改变财政简单‘输血’的方式，通过建设市场和制度，培育自我发展的内生动力，用‘造血’的方式从根本上消除瓶颈问题。”

盘点中国大大小小 2000 多家银行，恐怕没有第二家像国开行这样，唯国家利益马首是瞻，视执行国家战略为己任。成立 20 年来，国开行所行之事，无不围绕国家战略展开：鼎力支持南水北调等国家级大工程、倾情投入西部大开发、拯救濒临破产的国有企业、扶助民族品牌走向海外市场……读国开行的这段历史，犹如翻阅中国 20 年的经济发展史。

国开行以忠于国家使命又极具探索性、创新性的大行形象立于国际金融界。她的可贵在于，拥有国家信用，却没有躺在国家信用上安枕无忧、不思进取，反而一锄一镬不懈耕耘，突破创新；她始终坚守国家使命，为服务国家战略而竭尽所能，又努力做到将商业可持续性作为机构发展的立身之本。而今，国开行已登顶全球最大的开发性金融机构，资产总额超过 1.2 万亿美元，超过了世界银行、亚洲开发银行、非洲开发银行等国际开发性金融机构的规模总和，同时又把不良贷款率控制在 1% 以下，创造了开发性金融机构的发展奇迹。

陈元先生成为公认的为中国金融界做出了重大、突出贡献的开发性金融理论家与实践家。这位银行家之所以赢得尊敬，乃因他内心深处始终怀着浓浓的家国情怀，有着高屋建瓴的全局观，所思所虑、所作所为皆为服务国家战略。同时，他又具有一种创业创新、一往无前的精神，一种将商业运作与使命感高度融合的智慧。这种精神和智慧，也正是开发性金融理论的精髓所在。

第一章　创立中国最大的政策性银行

提要　1994年4月14日，在北京裕龙饭店临时租借的办公室里，没有庆典，没有鞭炮，也没有首长题词，我国最大的政策性金融机构——国家开发银行诞生了。它起步于金融秩序混乱、国家财政困难的特殊时期，一开始就为中国投融资体制改革破题而生，既脱胎于旧体制，又是旧体制的挑战者，其命运注定将与云翳诡谲的中国经济体制改革浪潮同起同落。

第一节　改革棋子

或许只是历史中的一粒尘埃，但1993年确是极富戏剧冲突、值得回味的一年。

这一年，宏观经济呈现出异常沸腾的图景：经济过热的势头凶猛，投资与消费急剧膨胀，全年物价上涨 13%。股市大起大落，集资债券遍地开花，大量资金体外循环，银行正常贷款不能保证，一些基层银行甚至支付都有困难。房地产热、开发区热、集资热并进，全国批建了多达 1.5 万平方千米的开发区，固定资产投资突破 7000 亿元大关，比上年增长 31% 左右。而原本就资金紧张的铁路、公路、电信等领域的资金“瓶颈”更加严重。

1993 年前后，也是国家财政最困难的时期，当年国家财政收入仅为 4349 亿元，占 GDP（国内生产总值）的比重仅为 12.6%。加之严重的通货膨胀，保吃饭、保运转的压力都很大。

时任国务院副总理兼中国人民银行行长朱镕基在 1993 年 7 月召开的全国金融工作会议上直言不讳地指出，对于经济失衡、偏热的局面，金融秩序混乱、纪律松弛要承担一定责任：“违章拆借是导致固定资产投资规模过大的一个重要原因。银行起到了推波助澜的作用。”①

当时，金融体系的各类角色尚如襁褓中的婴儿，既无独立性，职能分工也极不成熟。人民银行还经营一部分政策性贷款，无法独立履行中央银行职能。而工、农、中、建四大国有独资银行既统揽全国政策性业务，还是国家宏观调控的主要传导渠道。所有问题都指向一个症结——传统的投融资模式已经行不通了，金融体制改革势在必行。

投融资体制运行的核心部门是位于北京月坛南街的国家计划

① http://www.360doc.com/content/18/0131/11/44402471_726639490.shtml.

发展委员会，这个部门被视为中国权力最大的部委之一，在民间素有“小国务院”之称。不过此时，国家计委的人无法高枕无忧，物价高攀、白条子横飞的现实让他们倍感压力。时任计委副主任姚振炎是其中思维活跃、锐意改革的一分子，他一直为如何改革投融资体制而苦苦思索。作为改革方案的设计者之一，他极为推崇的一个举措就是将政策性融资与商业性融资分离，建立中央政策性投融资体系，组建政策性银行。

现在，我们无从知晓组建国家开发银行（简称国开行）的提议最早来自于谁，但在当时看来，它是开启投融资体制和金融体制改革的不二选择，是这一历史命题的破题之策。因为它能完成当时最需要担负起来的历史使命：让国有银行卸下政策性贷款任务，回归商业性金融的本位；让人民银行从资金供应的角色中解脱出来，割断政策性贷款与基础货币的直接联系，让人民银行能专心调控基础货币，也使失控的固定资产投资得以控制。

1993 年 3 月 15 日，国务院总理李鹏在第八届全国人民代表大会上正式提出了政策性银行的概念：“深化金融体制改革是建立市场经济体制的重要环节。要成立政策性银行，从事专项贷款业务，并适当增加一些商业银行。”

以此为依托，国家计划发展委员会很快组织了一个政策性银行筹建文件起草小组，并在此后一年多的时间里，迅速地完成了筹备、审批、通告等工作，直至 1994 年 4 月 14 日正式开业。

第二节　投融资体制破题者

1993年3月，初春的北京还有几分冷冽，但月坛南街道旁的树已有少许新芽萌出，向人们送来春的气息。在这条街西头的国家计委大楼里，正孕育着中国最大的政策性银行——国家开发银行。

3月初的一个下午，原国家原材料投资公司的陈铁林被总经理告知："铁林，计委让你去帮帮忙。"那些年，投资公司的干部隔三岔五去计委帮忙干活是很正常的事情，陈铁林不假思索就答应了。

没过几天，国家计委副主任姚振炎把他请到了办公室，一番话让他始料不及："我们要筹备一家政策性银行，负责中长期投资，需要起草一个文件，我再找几个人，组成一个文件起草小组……银行的管理可以参考世界银行的模式。"

几天后，文件起草小组的另外三位成员相继到位。一位是陈铁林向姚振炎举荐的国家计委计划方法处处长张勇，是一位投资政策的专家，还有来自中国建设银行的赵林和缪礼生。没有专门的办公地点，他们就在国家计委办公楼的三层找到一间不大的办公室，从零开始，展开了长达一年的起草工作。

起草小组首先大量收集世界银行、亚洲开发银行的材料，以及国内关于投资的各项政策，分头草拟，再一起讨论。数易其稿后，形成了一个相对成熟的草案，提交给姚振炎。之后，国家计委将草案转发给国家经贸委、财政部、人民银行、交通部、冶金部、农业部等十几个部门征求意见。

方案在多个部门引起了争论。新的政策性银行是重新成立还是在建行的基础上改造产生？或是将六个中央投资公司纳入改造？原分散在各个部门的哪些预算内资金应改拨到新银行？新银行应归国务院直属，还是遵从其他国有专业银行的惯例？诸如此类，各部门意见很不统一。

就建行而言，他们希望走市场化的道路，宁愿把原属政策性业务的预算内资金划转出去，也不愿被并入政策性银行。1993 年，建行已步入快速发展期。1993 年末资产总额第一次突破了万亿元大关。

而能源、交通、原材料、机电轻纺、农业、林业六个国家专业投资公司，由于政资未分开，管理项目与经营资金界限不清，导致投资效率不高，时有违规放贷。国家计委有心清理其经营和管理机制，如果将其并入新银行，似乎顺理成章。因此，解散六大投资公司并入新银行成为最终之选。

9 月下旬，在国务院的批示下，国家开发银行筹备组正式成立。原审计署审计长吕培俭担任组长，姚振炎、屠由瑞担任副组长。国家开发银行之所以能成为国务院直属的“正部级”单位，倒不只是因为筹备组高干云集，更大程度缘于新银行被赋予了与国家计委共同担当投资职能的使命。有人形容，国家开发银行是顶戴“红帽”衔玉而诞。

作为一家全新的政策性银行，资本金及日常资金的筹措乃立行之本，更决定了未来的发展空间。因而，筹备组将此视为筹建中最重要的一环，苦思积虑。他们综合了六大投资公司的资产规模，结合资本充足率等经营和监管指标，并考虑未来几年的发展需要，综合测算后发现，国家开发银行需要 800 亿 ~1000 亿元的资本金。

这个数字是什么概念？相当于 1993 年国家财政收入的 20% 左右。出资方——财政部很是为难，说资本金不能这么多，而且要分五年逐步到位。几经协商，资本金规模最终定为 500 亿元，从国家财政逐年划拨的经营性建设基金和经营基金回收资金（含原“拨改贷”）中安排，分四年逐步到位。

资金乃立行之本，为了帮助新银行筹措资金，筹备组费尽心机。他们为新银行设计了多达八种资金筹措渠道，把他们所能想到的、但凡有可能的筹措方式悉数纳入草案。在今天看来，这些方式也是具有超前眼光的。传统的方式包括现有的国家预算内经营性建设基金、财政贴息资金、转贷国际金融机构贷款、原六大投资公司转来的资金，创新方式则包括发行金融债、建设债、到国外发债等。

金融债，即由国家开发银行提出年度金融债券发行规模，经人民银行和国家计委审定后，由人民银行向各金融机构派发。建设债，则是面向社会公众发行的财政担保建设债券。陈铁林回忆，金融债原本是作为资金筹措的一条“后路”设计的，最终却成了最重要的资金来源渠道，国开行也因此成为名副其实的债券银行，这是筹备组当年没有想到的。

这厢筹备组紧锣密鼓地进行可行性设计，那厢国开行的筹建得到了国务院的政策支持。

关于国家开发银行的成立，最先见之于世的文件是1993年6月发布的中央6号文。6月24日，《中共中央、国务院关于当前经济情况和加强宏观调控的意见》明确表态："投资体制改革要与金融体制改革相结合。从改革投资体制入手，尽快建立政策性银行，逐步实现政策性金融与商业性金融相分离。组建国家长期开发信用银行、出口信贷银行等政策性银行，专门承担政策性投融资和贷款任务。"

1994年3月17日，筹备组拟订的文件终成正果，这就是《国务院关于组建国家开发银行的通告》，即国开行人耳熟能详的22号文。其中一句话奠定了国开行的立行基础："根据党的十四届三中全会精神，为了更有效地集中资金保证国家重点建设，缓解经济发展的瓶颈制约，增强国家对固定资产投资的宏观调控能力，进一步深化投融资体制改革，国务院决定组建国家开发银行"。

第三节　1994年：国开行元年

犹如黎明的微光中冉冉升起的一颗启明星，1994年4月14日，在北京八里庄裕龙饭店临时租借的办公室里，没有庆典，没有鞭炮，也没有首长题词，我国最大的政策性金融机构——国家开发银行开门办公了。

这一天，国家开发银行向国内外各界发布了通告，宣告开业。《人民日报》在头版头条发布消息，“国务院决定组建国家开发银行”。自此，为改革而生的国家开发银行登上中国经济舞台。

细心的人发现，4月14日是“试一试”的谐音。姚振炎坦陈：“这个日子很好记，就是4月14日，‘试一试’，因为是一个革新的创举，带有探索开拓的意思。”

根据国务院22号文为国开行勾勒的制度框架，国开行是一家直属国务院领导的政策性金融机构，并被赋予其他国有银行所不具备的特殊职能：“建立长期稳定的资金，筹集和引导社会资金用于重点建设，办理政策性重点建设贷款和贴息业务，投资项目不留资金缺口，从资金上对固定资产投资总量及结构进行控制和调节。”[①] 这段看似平淡无奇的文字，成为国开行的办行宗旨，亦是此后多年国开行人心中坚守的信念。

机构新张，百端待举。国开行首先合并了原来的六大专业投资公司，清理其债权债务，然后将国有专业银行的部分政策性业务划转过来。其中从建设银行划转的业务最多，也为以后双方在人事和业务上产生千丝万缕的联系埋下了伏笔。同时，还组建了一家政策性投资公司，国家开发投资公司，58亿元注册资本金由国开行核拨，受国开行监管。

这样，国开行便成建制地接收原六大专业投资公司的所有人

① 《国务院关于组建国家开发银行的通告》（国发〔1994〕22号），下文中“国务院22号文”或《通告》均指此文件。

员，加上国家计委和建设银行派遣来的部分干部，一共855名，并内设19个职能部门和3个直属单位。

国开行的组织结构设置和称谓带有半官方半商业的色彩。没有明确是行政机关，但却被赋予了行政规格：直属国务院领导，正部级单位。不是政府行政序列，但执行国家宏观调控任务。虽然是“银行”，但只设总部，没有分支机构。其下设机构不像其他国有银行那样以“部”来命名，而代之以“厅”“局”，如办公厅、政策法规局等等，带有行政机关色彩。

国开行第一任领导集体规格颇高，由国务院任命的行长、副行长及监事会成员共计12位，均为副部级以上干部，都来自极具话语权的重要部门——国家计委、财政部、国家经贸委、人民银行等。

第一任行长姚振炎，此前任国家计划委员会的副主任；党组书记、副行长屠由瑞，此前任铁道部副部长；副行长周道炯，同时兼任建设银行监事会主席，此前任建设银行行长；副行长刘明康，此前任福建省副省长、曾任中国银行福建分行行长。

国开行的监事会也是国有银行中阵容最为强大的。监事长由吕培俭担任，此前任审计署审计长。监事会成员包括：国家计委副主任郭树言、国家经贸委副主任杨昌基、财政部副部长李延龄、人民银行副行长殷介炎、审计署副审计长郑力、对外经贸部副部长谷永江。

从这些干部的配备中不难看出，国开行的业务将涉及诸多重要领域和关键部门。国务院22号文给国开行设定的主要业务有五项，其中，管理和运用国家核拨的预算内经营性建设基金和贴息资金，相当部分来自建设银行和工商银行；向国内金融机构发行金融债券，以及办理外国政府和国际金融组织贷款的转贷，则需要人民银行、财政部的鼎力相助。所有业务中最为核心的是，向国家基础设施、基础产业和支柱产业的大中型基本建设和技术改造等政策性项目及其配套工程发放政策性贷款，即后来广为流传的“两基一支”，这部分业务与国家计委、经贸委的关系就更为密切了。

项目实施需要国开行与几个政府部门的协商合作。比如，在项目建议书阶段，国家计委、经贸委需送国开行进行项目贷款条件评审和财务评估；在可行性研究阶段，国家计委、经贸委在审批基本建设和技术改造项目可行性研究报告时，要有国开行对项目的选择意见和相应的资金配置初步方案。

根据这种制度设计，国开行在项目选择和评审中具有一定的话语权，并非简单的由政府部门指定、国开行执行。但在后来的实际操作中，部分权力并没有完全得以落实，从而影响到国开行在信贷决策和管理方面的自主性，也为不良贷款的集聚埋下了风险隐患。

任何时代都不乏理想主义者，无论他是平民，还是高官。来自各大部委、省政府和商业银行的这批高级干部，多是受到这份事业的感召，放弃了原有岗位的舒适和安稳，带着创业的激情，会集到北京西郊昆玉河畔的裕龙饭店，开始了白手起家的创业。

首任行长姚振炎 1932 年生于江苏常熟，20 岁毕业于上海交通大学土木系，是那个时代稀有的电力高级工程师。姚振炎精通业务，曾担任水利电力部副总工程师、副部长，后调任国家计委副主任。1994年，姚振炎62岁，距离退休颐养天年仅三年，原本可以在国家计委副主任的位置上安然退休。但他体格强健，精力充沛，骨子里依然涌动着一股想干事、想成就一番事业的激情。

姚振炎虽然是电力专家，但他对于银行的运行规律却有着较深的领悟。他认为，国开行虽然是政策性银行，但财务独立和获取收益非常重要。“尽管开发银行具有自己的特殊性，不以盈利为目标，但作为银行必须具有在财务上维持生存的能力，在业务中要能够获利，这是它存在的必要条件。只有财务上独立并能获利，才能为业务的发展提供财源”。

时年62岁的党组书记、副行长屠由瑞则是铁路专家，毕业于北京铁道学院（今北京交通大学）车务系。来国开行前，先后任铁道部总工程师、副部长。

姚振炎甫一上任，就纲举目张，为银行列出十项工作重点。包括对国家计委和经贸委划转的项目进行衔接，研究当年新开工项目和预备项目，摸清在建项目的资金缺口，为下一步资金配置做好准备等。同时，他先见地把金融债券视为国开行最重要的资金来源之一，强调尽快发行金融债券，确保重点建设资金按时到位，力争第二季度到位40%。当年4月，第一批200亿元就落实到位了。

第四节 迟到的资本金

若遵循国务院22号文的规定，财政部应分四年从国家财政逐年划拨经营性建设基金和经营基金回收资金给国开行作为注册资本金，共计500亿元。但实际上，那些年国家财政的底子本身就比较薄。比如，刚实行分税制财政体制改革的1994年，全国财政收入仅为5181.75亿元，当年国家财政支出为5819.76亿元。捉襟见肘的财政部难以按时履约。截至1998年底，原计划财政部分四年拨付的500亿元资本金，实际只拨付了406亿元。余下的缺口，则由国开行每年上缴的税收返还来填补。

资本金迟迟不到位，意味着原定的建设资金不能如期拨付给国开行，一定程度上影响了国开行的发展速度。而国开行秉承保本微利的经营原则，加上成立初期接受了大量不良资产，每年上缴的税收十分有限。因此，直至2003年，即国开行成立近10年后，500亿元资本金才落实到位。而此时，国开行的资产规模已经达到12810亿元，资本充足率已低于国际上其他开发性银行，又形成了新的资本缺口。

如果说资本金的先天不足是短缺经济时代带来的特有产物，那么，国开行独特的资本金运用方式则带有更强烈的时代烙印。

巧妇难为无米之炊。在国家财政资金有限、无法如期注入500亿元资本金的情况下，财政部只好从现有资金存量中挖掘潜力，采取了一种独特的变通方式，这就是俗称的“一女两嫁”——向国开行拨付项目的建设资金，同时作为其资本金。

第二个变通是借鉴世界银行的运行机制，将贷款分为软贷款和硬贷款两大部分。硬贷款即一般商业银行采用的贷款方式，将资金直接贷给项目，到期收回本息。软贷款即仿照中国银行在大亚湾核电站项目中，以贷款作为资本金的模式，将国开行的注册资本金以长期优惠的方式，按项目需要贷给国家控股公司和中央企业集团，由他们对项目进行参股、控股。软贷款不同于股权投资，国开行与国家控股公司、中央企业集团及项目单位之间仅是信贷关系，不干预企业的产权处置和经营活动。

软贷款的期限较长，一般为20~25年，还设有5~7年的宽限期，最长不超过10年；贷款利率一般比其他商业银行同期利率低10%。期限长、利率低、能作为项目资本金，每一项皆极具竞争力，三项优势叠加的效果自然是一般商业银行的贷款无法比拟的。这对资金短缺而又想扩大投资的地方政府而言无疑极具诱惑力，地方国企的融资顺序立刻变为了先软贷款、后硬贷款，若不济再申请商业银行的贷款。

如此一来，原本用于解决国企资本金不足而设立的软贷款，成为国开行在信贷市场上的独门秘籍，使这家资本金不足、基础羸弱的新兴银行站稳了脚跟，并支撑他们在市场上有了惊艳的表现。此后多年，“软硬兼施”（即软贷款＋硬贷款）一直是国开行争取优质项目、维护客户的制胜武器。

第二章　打响风险阻击战第一枪

提要　新组建的国家开发银行，上手就是周期长、风险高、效益低的“两基一支”项目。此类项目开展难度较大，但也得迎难而上。把控中长期项目没有现成律条，国开行索性引入国际经验，设计了国内银行业第一个贷款委员会，并迅速调整委托代理机制，改变了贷后管理鞭长莫及、道德风险丛生的困境。

第一节　组建贷委会

贷款量巨大，还款周期长，经济效益低，经营风险高……过去，一提及“两基一支”类的政策性项目，就给人这种印象。商业银行也将其视为负担。而国开行就是专门捡这类“硬骨头”来“啃”

的。如何提高贷款决策水平和风险管理水平，就成为这家银行成立之初亟待解决的重大问题。

距正式组建不到半个月，国开行便参考世界银行与亚洲开发银行的经验，设计了国内银行业第一个贷款委员会（简称贷委会），作为贷款项目的审议机构。1994 年 4 月 9 日，尚未正式成立的贷款委员会，迎来了对它的第一次考验——根据时任国务院副总理朱镕基的批示，国开行要对国务院秘书局转来的两批基本建设项目“提出意见”。此次交给国开行审议的项目共九个：武昌—广州铁路电气化改造、芜湖长江大桥、青岛前湾港区二期工程……其中七个都是政策性项目。

贷委会将审查的结果向行长姚振炎汇报后，就起草成报告送到了朱镕基的面前。报告的结论恐怕让朱镕基颇感惊讶：九个项目中，只有六个获得了“建议批准”，三个项目吃了闭门羹，拒贷的理由是“资金基本不落实，建议退请有关部门重新研究”。

政策性项目居然被银行打回了，这在盛行奉命贷款的传统银行管理体制之下，还真是一桩新鲜事。后来成为第一届贷委会主任的周道炯说：“我们贷委会要有权威性，不怕得罪人。要不然的话，成立就没有意义了。”

不过，好在朱镕基高度赞誉了这件“新鲜事”。此后，贷款委员会正式成立。第一届贷委会由分管副行长周道炯担任主任委员，成员包括副行长屠由瑞、刘明康，总工程师汤丙午，总经济师邝业梅，总稽核师徐荣初，秘书长陈铁林，以及原六家专业投资公司的总经理等人。

此后，凡是基本建设大中型项目和限额以上技术改造项目，以及国务院交办的重大建设项目，在各信贷局提出评审报告的基础上，都要交贷款委员会审议通过方能立项。评审采用集体民主决策，避免“一言堂”和个别领导的“拍脑袋”决策，在 20 世纪 90 年代初亦算是中国银行业的一项先见之策。

1995 年 6 月，贷委会成立一周年之际，国开行又成立了专家委员会（简称专委会）作为参谋咨询机构。专委会的绝大部分成员来自原能源、交通等六大中央投资公司，在重大工程项目的科学调查与论证中，与贷委会相辅相成，发挥了重要作用。

贷款委员会成立之初，主要围绕项目的投资总额与配置是否准确合理，资金来源是否可靠，还款是否有保障等方面开展检查。总体上更重视项目的社会、经济发展意义而非盈利，主要侧重于审查项目总投资有无超过国家计划指标，还没有形成真正的风险控制。

“风险防范不足，专业性不强，公关嫌疑大”，现任评审总监樊海滨提及曾经的“审贷合一”体制时反思道。因为“审贷合一”的内部设置和职能划分，容易造成职责混乱不清，且缺乏外部监督制约，从而影响评审的公平性。

随着国开行信贷业务的扩大，更多问题渐渐暴露出来：机构职能重叠，常常发生好几个信贷局同时对接一个代理行的情况，严重影响效率；评审体制不得力，影响了贷委会通过审议来驾驭和控制风险。

审贷分离改革就在这种情况下启动了。1996 年底到 1997 年初，国开行对内部机构进行了一次大范围的调整：原来的八个信贷局被一并撤销，改为按贷款行业分类设立能源水利、交通环保、农林原材料、机电轻纺四个专业评审局，按地理区域设置华北、东北、华东、中南、西南、西北六个信贷管理局。从此，评审与贷后管理在制度上被分离开来，项目评审实现了专业化，由评审局向贷委会直接提交项目评审报告。

在总行设置专业评审部门，成了国开行机构设置上的一大特色。以专业评审局为源头成长起来的专业化评审队伍，渐渐在国内外传开了声名。不过，这仅是国开行在贷款评审机制变革上的发轫之始。

第二节　借腿走路

如今分支机构遍及全国乃至全球的国家开发银行，诞生之初，却只是一家“有总部而无分支”的特殊金融机构。没有分支机构，国开行就如同一个人缺少一条腿，走不快，更走不远。国开行不可能坐守北京不及全国。那么，如何对北京以外的贷款项目进行资金的拨付、回收和管理？

国务院22号文对此已有预案，其中规定：资金拨付业务优先委托中国人民建设银行办理。国开行用于政策性业务的预算内资金主要从建行剥离而来，由其委托代理尚可获得代理费用，亦算一种适度补偿，顺理成章。1994年4月22日，成立不足一个月，国开行便与建行签订了委托代理协议书，由后者代理资金拨付、会计核算、贷款监督与回收等业务。

受高额代理费的吸引，其他各大银行尾随而至，纷纷争取成为国开行项目贷款的代理行，工行、农行、中行和交行等相继与国开行签订了委托代理协议。自此，国开行建起了遍布全国的代理经办行网络，借力商业银行的委托代理体系正式形成。

委托代理体系帮助国开行将资金送达全国各地，但时隔不久，这种关系的典型弊病——道德风险便暴露出来。关键在于，代理行不必因资金的在途耽误、损失和贷后管理不当、本息回收不力而承担责任。

负责为国开行划拨资金、回收贷款、管理项目的代理行，往往是商业银行的分行、县级支行，山高皇帝远，国开行很难对其工作效率进行有效的监督。后果就是一些代理行划拨资金的速度很慢，回收贷款的积极性不高，项目管理很不精细。更有甚者，如果国开行和代理行共同发放贷款给一个项目，代理行回收贷款时就有可能“顺手”先还到自家账上。

国开行原副行长李吉平举了一个比较极端的例子，当时一笔资金利用人民银行和代理行的电子汇划系统，由上至下划转到位，“最长的时候足足走了 316 天”！层层有截留，层层被占用，最后国开行不得不写报告给朱镕基总理，问题才得以解决。

国开行原总经济师姬巧玲，也曾为贷款回收问题与代理行反复交涉催促，甚至一度“气到和对方拍桌子”。她对委托代理制的弊端体会颇深：“你不直接给项目钱，不直接盯着钱用到什么地方，也不直接回收贷款本息，全靠代理行去做，你不就是个盲人吗？风险根本没法控制，因为你不知道风险在什么地方。”

当时，委托代理业务的明细会计核算也被委托给了代理经办行，国开行只负责汇总核算。但国开行慢慢发现，这些代理行交给他们的根本就是一笔糊涂账，会计数据不准确，结计利息有误差，信息反馈不及时，无贷款明细账……这对于一家银行来说是不可想象的，就好比打仗的将军连手下有几个兵、几支枪都不清楚。

1996 年 11 月，国开行财会局起草了一份《关于直接贷款和委托贷款利弊分析的报告》，用数据直观地揭露出了委托贷款形式的弊端：首先是贷后的管理、核算、回收不力，与总额仅占 7%、利息实收率却高达 88.5% 的直接贷款相比，委托贷款的利息实收率仅为 62%，足足低了 26.5 个百分点；其次是资金在途损失严重，贷款金额在回拨和回收过程中的损失就能消化掉利率的 0.43 个百分点，而且全部由国开行承担。

委托代理制终究不是长久之计。随着项目不断增加，代理成本也不断增加，但是钱花出去了，事情却没有办好，行长姚振炎越来越着急。无论从哪个角度来看，国开行都必须设立自己的分支机构。

1995 年 7 月，国务院第 73 次总理办公会决定，国开行“可考虑试办一家分行”。当时，国开行最大的项目贷款是三峡工程，因此，第一家分行就选择了距离三峡工程最近的省会城市武汉。1996 年 4 月，国开行终于成立了武汉分行和成都、西安、深圳 3 家代表处，第一次拥有了自己的分支机构，采用“直贷 + 委代两条腿走路”的策略来应对种种不利情况。

第三章　钱从哪里来

提要　财政靠不上，再贷款不可取，怎样才能建立长期稳定的资金来源？国开行从零起步，开辟了国内、国际两个市场发债的筹资路径，让国际投资者第一次对中国的政策性银行有了认识。

第一节　摸索筹资之道

“吸收存款、发放贷款”是商业银行安身立命的基本业务，但为支持“两基一支”而生的国家开发银行，既没有营业网点，也不吸收存款。三峡工程、岭澳核电等国家重点项目“嗷嗷待哺”，融资方式亟待探索。

国务院22号文的起草人之一陈铁林回忆，“当时我们全面列举了资金的来源渠道，但并没有真正思考怎么具体执行，这些都留待以后去实践。”文中提到了国开行资金来源的八种方式：资本金、财政贴息资金、向金融机构发行金融债券、向社会发行一定数量的财政担保债券、向境外筹集资金、国务院划转开发银行的专项建设基金和专项资金，以及向央行申请再贷款。

在国外，政策性金融机构成立之初，大多数资金都来源于政府的无偿拨款。然而，在中国中央财政是指望不上的。自改革开放以来，国家财政赤字急剧增长，规模不断扩大，计划中财政部分 4 年向国开行拨款 500 亿元作为注册资本，也没有完全落实。

在当时看来，世界银行的债券融资模式最具可行性，既能建立长期稳定的资金来源，保证资产负债的期限匹配，又可以促进债券市场的发展，为央行公开市场操作提供工具，还能避免与商业银行直接形成存款竞争。人民银行也赞成通过发行政策性金融债券来筹资。

但那时，我国债券市场的发育程度很低，银行间债券市场尚处于酝酿之中，就连财政部发行国债都挺困难。1993 年，国债陷入发不出去的困境，财政部向国务院报告，进行全国总动员，各省书记、省长亲自落实国债认购，才勉强完成销售任务。国债的认购都成问题，国开行的金融债券更无力完成市场化发行。

国务院决定，暂时仿效国债的行政派购形式，由国开行提出年度金融债券的发行规模，由人民银行和国家计委根据国家确定的信贷计划和固定资产投资规模进行审定，并确定债券利率，然后下达认购指令，让四大银行和邮政储汇局按照存款增量的一定比例购买金融债券。

1994 年 4 月，国开行以与人民银行、国家计委联合发文的形式，尝试发行了第一次金融债券。当年国开行贷款总规模为 650 亿元，发行的首笔债券额度为 528 亿元，其中：3 年期 448 亿元，利率为 12.5%；5 年期 80 亿元，利率为 14%。短短几日内，第一批认购款 200 亿元就被划入了国开行的账户。

从此以后，发行金融债券一直是国开行筹集资金最重要的渠道，一度占到了资金来源的 90% 以上。但是，行政派购毕竟不是长久之策。由于政策性金融债券与国债利率倒挂，投资人缺乏积极性，与央行讨价还价，债券资金延迟到账现象严重，直接影响了一些项目用款。

从 1994 年发行派购债到 1998 年开始市场化发行，到 2000 年全部市场化发行，国开行累计派购发行人民币金融债券 4943 亿元。2004 年，全部计划派购债券兑付完毕，退出历史舞台。

第二节 登陆海外市场

国开行成立后，先后承担起大亚湾核电站、广东岭澳核电站、秦山核电站等国家重点建设项目的外汇转贷款工作，需进入国际资本市场筹资。

作为一家具有特殊政策背景的金融机构，国开行分别被美国穆迪公司、日本风险和投资者服务公司（R&I）及标准普尔公司给予 AAA、AA- 和 BBB 的评级，获得了与国家主权相同的债信评级，为日后海外发债、筹集低成本资金奠定了基础。

1995 年 10 月，国务院批准国开行以境外发债方式为岭澳核电站等项目筹集外汇，境外发债指标为 3 亿美元。这是国开行首次对外发债，目标不仅是募集价格合适的基金，更要树立新生的政策性银行在国际资本市场的良好形象，并借机在国际上宣传我国经济金融体制改革的成果。

通过对扬基债、欧洲债、武士债、龙债券和全球债券市场的调查和综合分析，国开行第一步选择了日本武士债市场。曾任国开行资金局局长的于春玲对笔者解释："发行日元债与我国对外投资的发展过程相关。改革开放初年，中日之间的交流最为密切。有很多中国人学日语，很多日本人也到中国进行投资。与欧美相比，地缘上更为接近的日本相对比较容易接受我们的债券。"

当时，日本对中国贸易顺差很大，拥有极高的外汇储备，正想方设法寻找外储运用渠道，因而非常欢迎国开行发债。1996 年 2 月 19 日，国开行发行了 10 年期 300 亿日元债券，票面利息为 4%。

美国扬基债市场是国开行迈出的第二步。这个市场容量大，且美元坚挺，美国国债收益率一直保持在较低水平。与日本投资者相比，美国投资者更关注发行体所在国家的宏观经济状况。时值"九五"开局之年，中国经济年增长率达到 10%，而物价涨幅已回落到 6%，较上年下降了 8 个百分点，实现了"软着陆"。在通胀得到控制的同时，中国外汇储备持续增加，国际收支继续看好，被视为 A 级信用的新兴国家。

但是，美国投资者对中国、对国开行仍然比较陌生。为此，时任国开行副行长刘明康带队，自1997年1月21日至28日，先后在西雅图、明尼阿波利斯、芝加哥、哈特福德、波士顿和纽约6个城市召开了6次投资者说明会和1次电话会议。

路演中，投资者最关心的是中国国企的现状和改革方向、外汇储备和人民币的可自由兑换、国开行的资产质量以及项目选择的自主权等问题。一些投资者怀疑，政策性银行是不是只做政策性贷款？是否只看重项目的社会效益，不关心项目的商业价值？刘明康行为路演主讲人，向投资者详细地说明了国开行与政府的关系，声明国开行非常注重信贷资产质量和风险管理，将项目的社会效益和经济效益相结合，终于打消了投资者的顾虑。

1月29日，国开行在美国成功发行了3亿美元扬基债券，期限为10年，票面利率为7.375%，收益率为T+80BP（基点）。债券认购金额达到10亿美元，超额认购两倍多。其中，美国投资者认购比例约占发行总额的65%，欧洲和亚洲投资者的该项占比分别为15%、20%。

武士债和扬基债的顺利发行，使国开行在国际资本市场上初露锋芒。一年之后，亚洲金融危机爆发，国际资本市场急转直下，国开行暂时搁置了出境发债的计划。

第四章 危机中重生：市场化转轨

提要 1998年4月，陈元从人民银行副行长之位调任国开行行长，并提出了“市场环境，银行框架”下办银行的新思路，开启了传统政策性金融到开发性金融的转轨之路，逐渐搭建起政府与市场之间的桥梁，开辟出政府部门投资和纯商业投资之外的“第三条道路”。

第一节 亚洲金融危机来袭

1997年7月，一个悲喜交加的月份。7月1日，香港回归祖国，举国欢腾。但亢奋的情绪还未消散，7月2日，泰国宣布实行浮动汇率制，泰铢大幅贬值，亚洲金融危机的导火索被点燃。泰铢汇率狂跌20%，挤垮56家银行，股票市场狂泻70%，并迅速席卷了马来西亚、新加坡、印度尼西亚等东南亚国家。

10 月，国际炒家首次冲击香港市场，造成香港银行同业拆息率一度狂升至 300%，恒生指数从危机前的 1.8 万点暴跌至 6000 点。这场危机让香港人财富蒸发了 2.2 万亿港元，负资产人数达到 17 万人。

虽然中国金融业由于尚未完全开放而幸免深度卷入危机，但中国经济也受到打击。1997 年，我国外贸出口增幅从前一年的 20% 猛跌至 0.5%，利用外资额跌至 20 年来最低点，而积弊深重的国有企业问题也到了非解决不可的地步，1.4 万户国有企业中亏损企业达到了近 6600 户，一场“鼓励兼并，规范破产，下岗分流，减员增效，实施再就业工程”的国企改革拉开了序幕。商业银行不得不提高呆坏账准备金从而支持国有企业的兼并、破产。

据统计，仅此一项就累计不良贷款 1800 亿元左右。截至 1996 年 6 月底，四大国有独资商业银行的不良贷款余额为 8400 亿元，占全部贷款余额的 24.75%，有的银行实际上已资不抵债。全国城市信用社亏损面达 20%，农村信用社亏损面达 44.7%，不少农村信用合作基金会倒闭。

1997 年被定为“防范金融风险年”。时任央行行长的戴相龙后来回忆说：“从当时总体情况看，中国不会出现大面积支付危机。但是，如对上述风险不再加以控制，中国迟早将会出现系统性、较大面积的支付危机”。[①]

---

① 戴相龙 . 回顾 1997 年全国金融工作会议［J］. 中国金融，2010（19–20）：28.

面对金融效率低下、系统性风险不断积聚的局面，深化金融改革和整顿金融秩序势在必行。

1997 年 11 月 17 日，中国金融界最高等级的全国性会议——全国金融工作会议在北京召开。各省（市）政府、人民银行、证监会的相关负责人，以及政策性银行、国有商业银行等大型金融机构的负责人约 300 人参加了会议。

会议提出，力争用 3 年左右的时间大体建成与社会主义市场经济发展相适应的金融机构体系、金融市场体系和金融调控监管体系，提高金融业经营管理水平，实现全国金融秩序明显好转，化解金融风险，增强防范和抗御金融风险的能力。

国务院陆续出台了一系列改革措施，接下来的一年，中国金融史上的诸多大事件陆续登场：

1998 年 6 月，央行第一次因支付危机关闭了一家股份制银行——海南发展银行。

1998 年 8 月，国有商业银行获得 2700 亿元注资以补充资本金，剥离近 14000 亿元不良资产，减轻了财务包袱。

1998 年 10 月，当时国内第二大信托投资公司，曾作为政府融资窗口，在国内外颇具影响的广东国际信托投资公司不能支付到期债务，被人民银行关闭。

1998 年 11 月，央行撤销了 31 个省级分行，组建了 9 个区域分行，同时与所办的证券公司、融资中心和各种经济实体彻底脱钩。

1998 年 11 月 18 日，保监会成立。

1999年，华融、东方、长城、信达四大资产管理公司组建，专责处理从四大国有商业银行和国开行剥离出来的面值达13939亿元的不良资产。

1999年开始信托业第5次清理整顿。经过这次被称为“推倒重来”的清理整顿后，原有239家信托公司重新获得登记的仅50多家，近6000亿元不良资产被核销。

第二节　陈元：家国情怀，金融帅才

承继父亲的红色情怀

1998年4月2日，农历戊寅年的春天，时任国务院总理朱镕基同英国首相布莱尔和欧盟委员会主席桑特在伦敦举行了首次中国—欧盟领导人会晤，他器重的干将陈元，则受命来到了国家开发银行，成为这家亟待变革的政策性银行的掌舵者。

这天，中国人民银行行长戴相龙亲自把陈元送到了国家开发银行。53岁的陈元在中国人民银行副行长之位上已有十年之久，当天他身着笔挺的深蓝色西服，步履沉稳。与国开行领导班子短暂的交流中，他神色肃然，数语寥寥，措辞缜密。十多年后，有人这样形容他：内敛、沉稳、低调，话不多说，言简意赅，如果要给他贴上个性化标签，那一定是“大格局、家国情怀、国际视野”。

“陈行长思考问题第一个考虑的一定是国家利益、社会利益，其次才是开行的利益。他不仅深谋远虑，而且非常有前瞻性、创新性，这点我们这些后辈也自愧不如，感觉压力很大”。一位熟悉陈元的开行干部说。

1998 年 3 月，陈元被任命为国家开发银行党委书记、行长。这一届领导班子阵容强大，原江苏省委常委、苏州市委书记杨晓堂任党委副书记，原证监会副主席王益任副行长（2008 年 5 月因涉嫌受贿被“双规”），原国开行能源水利评审局局长李昌富任纪委书记。原行长姚振炎、副行长屠由瑞去职，原副行长刘明康调任中国人民银行副行长。

陈元突出的才学品性受益于家庭的好学、严谨之风，更直接承继了父亲心系天下、慎言敏行的精神衣钵。话到此处，便无法绕开陈元特殊的身世和家庭背景了。

陈元 1945 年生于中国革命圣地延安，是家中长子。父亲陈云是新中国的开国元老之一，是中国共产党第一代和第二代党中央领导集体的重要成员，被外界称作“共和国的红色掌柜”。新中国成立初期，陈云全面主持经济工作，迅速实现了全国财政经济统一，稳定了金融物价，扭转了旧中国遗留下来的经济凋敝、物价飞涨、财经混乱的艰难局面。

陈云对子女的教育是传统而严厉的。在父亲的影响下，陈元从初中开始看《参考消息》，阅读《马克思传》，高中和大学自学哲学，通读了《资本论》，并做了大量的读书笔记。这些青少年时期就形成的良好习惯，令他终身受益，他在后来数十年中都将读书视为一种习惯。

陈云从不代替子女做决定，所以，陈元和姐妹、弟弟成年后选择的职业大相径庭，主要取决于个人的兴趣。这位父亲恪守纪律，从不在家讨论政事，但他胸怀天下、严谨求实、善于调查研究等作风对儿女产生了潜移默化的影响。

少年陈元最大的梦想是成为一名工程师。1965 年，陈元考入了清华大学自动控制专业，但不到一年，“文化大革命”风暴来临。陈元避开了残酷的派别斗争，毕业后被下放到湖南某工厂劳动锻炼三年，而后调到中国航空工业部第三研究院做了一名技术员。

技术员终究不是陈元想要的归宿，1977 年，国家恢复高考的消息传来，已经做了 5 年技术员的陈元激动万分，立刻全力准备考试，当年即顺利考取了恢复高考制度之后的第一批研究生，再次进入清华大学。这一年，陈元 33 岁。

或许是受父亲的耳濡目染，或许是看到经济建设最急需的不是工程技术人员，而是精通经济的管理人才，这一次他选择了经济管理专业。一年后，他转入中国社会科学院研究生院经济系，接受系统而严格的学术训练，获得了经济学硕士学位。在院内做了一段时间的研究工作后，他被调到国家计划委员会担任工程师。

在经受了下放劳动和重考深造的磨砺之后，命运给这个充满斗志和憧憬的年轻人打开了一扇门，一扇他曾试图绕过却注定要穿越的通往政界的大门。

1982 年，陈元从北京市西城区委副书记的位置上，开始了他的政坛生涯。一年后，他被提升为书记，之后成为北京市委常委，后又调任北京市政府商贸部部长兼北京市体制改革委员会常务副主任。

他在学术领域的活跃程度和影响力亦让人刮目相看。20 世纪 80 年代初期，中国刚刚告别了思想闭锁、万马齐喑的年代，一批青年经济学者在聚会中、在报刊上掀起了一场研究经济政治运行机制、为国家建设出谋划策的热潮。40 岁的陈元作为意见领袖之一，把这拨热血青年召集起来，成立了北京市青年经济研究学会，担任会长，并邀请孙尚清、厉以宁、吴树青等著名经济学家担任顾问。周小川、马凯等现任经济金融界领导，当年也是其中的活跃分子。[①] 研究学会逐渐在中国经济圈声名鹊起。

这一时期，陈元提出了“紧运行”理论，对我国从计划经济向市场经济转轨的历史环境与条件，进行了开创性的刻画，为经济界提供了一个分析“改革初始结构”的理论框架。

1988 年，陈元带着他的经济研究成果步入金融系统的领导岗位，担任央行副行长。随后 10 年里，他奉行父亲“不唯上、不唯书、只唯实”的座右铭，经常到基层去做调研，调研笔记就有厚厚几大本。

在此期间，陈元先见地提出，要发展多样化的金融机构、多层次的金融服务体系，将商业金融与政策性金融相分离，积极稳

---

① 贾康 . 欣逢大时代意气论兴亡——忆 20 世纪 80 年代中青年经济改革研究活动［J］. 中国财政，2008（20）：70–71.

妥地推进金融市场的准入和利率市场化。这也成为他日后到国开行展开一系列变革和创新的理论基础。

陈元的使命

1998年初的一天，陈元来到朱镕基总理的办公室，接受了一个任重而道远的使命。朱镕基希望他到国开行去，“把国家的重点基础设施项目搞好”。[①]

十多年后，他依然清晰地记得那一刻的复杂心情：“我感到了两个重要的担子：第一个就是必须保证大量的基础设施建设能得到融资支持；第二个是在基础设施建设领域里是没有多少市场机制的，很多人借钱都不还，造成银行不良贷款率比较高，到国开行必须从头建立起这样一个市场机制，这对我来说可能是更重的一个担子。”

陈元接受了朱镕基的嘱托，怀揣一种使命感，从人民银行走进了国家开发银行。其实，他从心底是乐于接受这份挑战的，金融界10年的砥砺，使他积淀了丰厚的理论学素养和监管经验，正好到银行去激活和释放这些能量，开拓一份新的事业。

“当时我就树立了一个目标，到银行就要把它办好，办成世界一流的银行，按最高标准来要求。”陈元接受笔者采访时说。

对这次调任，陈元周边的朋友一面恭喜道贺，一面也心生好奇。他那些金融界的朋友，见面第一句话往往都问：“从中央银

① 资料见于http://money.163.com/13/0312/01/8PNTQMHE00253B0H.html。

行到了开发银行，有什么感受？”他坦诚回应：“过去是叫别人办好银行，因为我搞了很长时间的金融监管，现在轮到自己办银行了，压力很大。”

这话一点也不矫情。因为在不少借款人的心目中，政策性银行就是政府的“第二财政”，提供的是免费午餐，可以借钱不还，明目张胆的逃废债十分盛行。陈元上任之初的 1998 年 3 月，国开行的不良贷款率高达 32.6%。

他坦言：“看到这个数字，我马上就头大了，要知道，如果一个银行有 30%多的不良资产，就意味着难以持续下去，很快就会出现大问题。”因此，他走马上任的第一件大事，就是对国开行进行重新定位，“办真正的银行”，并掀起了数轮信贷管理体制改革。

第三节　办真正的银行

政策与市场再定位

成立四年，经第一届领导班子筚路蓝缕的创业，国开行在三峡工程、南水北调、广东岭澳核电站等国家重点项目中初露锋芒，在国内经济金融界声名鹊起。截至 1997 年底，国开行资产总额已达 3811 亿元，中长期贷款余额 3652 亿元，国家重点建设项目中 80%以上项目都是国开行支持的。

但这家刚刚度过襁褓期的政策性银行，实际上仍是财政杠杆的延伸，缺乏信贷决策自主权，换言之，它还算不上一家真正意义上的银行。加上内部管理不完善，整个社会的信用观念和信用体系滞后，以及经济形势急剧变化，国开行的问题同成绩一样引人瞩目。

比如，资金来源基本上完全依靠计划分配。全行资金来源中，90% 是金融债券，10% 是财政资金。由于国开行债券不能上市流通，流动性差，商业银行又没有认购的自主权，逐渐对行政式派购产生了抵触情绪。

再者，资金运用方式也比较单一，资产结构不尽合理。国开行贷款集中度高，全行 70% 的贷款集中在煤炭、石油加工及炼焦、化学原料及化学制品、电力生产和供应、铁路运输五大类行业。

尤其让这位新行长忧心忡忡的是，截至 1997 年底，全行不良贷款率高达 42.65%，意味着不良贷款超过 1600 亿元！

"说实话，当我第一次看到开行账本时，思想上还是没有做好充分的思想准备……我没想到情况会这样不理想，面对这么多的不良贷款，我有点头痛。"陈元坦言。

按照五级分类法测算，当时全行信贷资产中：一类(正常)贷款占 33.1%，二类(有缺陷)贷款占 24.2%，三类(有问题)贷款占 25.9%，四类(有严重问题)贷款占 13.6%，五类(债权处置)贷款占 3.2%。如果不马上进行大刀阔斧的改革，国开行未来的生存和发展都将是个未知数。

经过 9 次行长办公会、行务会反复讨论，1998 年 11 月，陈元提出了“在市场环境下、银行框架内”办政策性银行的新思路。

那么，何谓“在市场环境下、银行框架内”办行？政策性银行的目标和定位是什么？如何看待政策性银行的政策性与效益性的关系？

陈元从外部环境和经营理念两个方面阐释：“目前开发银行所处的大环境已经是一个市场环境，这没有任何人能够改变；同时我们又是一个银行，要在银行的框架内开展工作。我们在很多方面能够发挥出商业银行力不能及的特殊的政策性金融作用，但我们不能超越市场环境，不能超越银行框架，否则就寸步难行，就无法生存。”①

他试图廓清一个基本理念，政策性银行是银行而非财政性机构，需要遵循银行经营的基本规律，讲求贷款的安全和收益。国家不会无限度地为国开行承担损失，如果持续亏损，将难以为继，最坏的结果就是资不抵债、破产清盘。所以，必须树立市场观念和风险意识，防范和化解贷款风险，讲求经济效益，提高投资质量；同时，要摒弃依靠计划选择项目的做法，抵制政府部门的不恰当干预，提高自主决策的空间和能力。国开行原有的信贷业务由“计委挖坑、国开行栽树”，发债靠行政摊派等老路也不能继续走下去。

“简单地说，我们要成为一家真正的银行，而不是一台政府的放款机器。”陈元说。

---

① 摘自陈元同志在1998年11月国家开发银行深化信贷改革动员大会上的讲话。

一场未圆的投行梦

1998 年 4 月召开的行长办公会上，陈元还主持讨论了一个新的话题：开展投资银行业务。这个话题缘何而来？

1998 年 4 月 4 日，中国在亚洲金融危机中惊魂甫定，刚就任总理的朱镕基在出访英国伦敦时，收到他昔日学生——高盛原执行董事李山的一份《中国国家投资银行筹建草案》，草案建议，“亚洲金融危机表明，投资银行技术对国家经济安全的重要性，绝不亚于核武器技术对一国军事安全的重要性。中国必须立即着手发展自己的世界一流投资银行，阻止外国投资银行垄断中国资本市场，增强中国经济抵御国际金融风险的能力”。草案后面还附有一份志愿回国效力的海外高级金融人才名单。

朱镕基被这份蕴含着拳拳报国之情的草案打动了，他也早有开办一家高水平投资银行的想法。当时，中央正对国民经济结构进行战略性调整，对上万家国有企业进行战略性改组，需要扩大直接融资，发展资本市场。投资银行能直接服务于政府、企业和投资者，通过资本市场运作将三者结合起来。

几天以后，朱镕基把这个重任托付给了陈元，希望由国开行率先开展投资银行业务，尝试发展投资银行。他还在一次国务院办公会议上正式提出，要求国家开发银行转换职能，办成具有国际水准的投资银行。

陈元受此重托，就有了第一次行长办公会议上的讨论，并决定利用国内、国际资本市场为“两基一支”服务，建立投资银行机构，开展投资银行业务和资本市场运作。

后来接受媒体采访时，陈元回忆了当时的思路：“国开行一直想有更灵活的投资管理机构。国务院曾经希望国开行能办成中国的高盛，我也希望国开行在投资银行业务能力上有进一步的改进和提高。”

1998 年 4 月，李山辞去高盛欧洲企业并购部执行董事的职务，组织香港、纽约、伦敦、东京、新加坡等地多位立志回国服务的投资银行家回到国内。5 月，国开行成立了阵容豪华的国家投资银行筹备组，陈元担任组长，李山担任副组长，成员还包括汪潮涌、王兟、葛甘牛、项兵等投资银行家，希望打造“一个国际水准的、与传统的国营金融机构不同的新投资银行”。

国开行董事会秘书陈民也是筹备组成员之一，他回忆，为了吸引海外的金融优秀人才回国效力，国开行还开出了 50 多万年薪、配车、配房的优厚条件。

按照筹备组的设想，这家投资银行要服务于国有大型企业的发展、收购、兼并等活动，并在境内外提供股票上市、债券发行、贷款、投资等全方位的金融服务，担当政府在资本运营方面的助手。在机构和牌照方面进展也很快，1998 年底，国开行将中国投资银行整体纳入，获得一张珍贵的“中”字头投资银行招牌。随后准备向证监会申领资本市场业务许可证。

但事与愿违，受亚洲金融危机的影响，1999 年，全国对证券公司进行清理整顿，要求银行与之脱钩。同年《证券法》颁布，明确规定“银行业和证券业分业经营”，国开行组建投资银行的梦想就此终结。筹备组随之解散，投行家们壮志未酬，失意而散。

但是，国开行始终没有放弃做投行业务的愿望。1999 年，国开行第一次开展了财务顾问业务，又趁承销三峡债的契机，向国务院争取企业债券承销资格，2000 年获批，并以副主承销身份进入该领域。1999 年,国开行的不良资产剥离方案获国务院批准，启动了债转股。为了拓展投行业务，国开行后来还组建了投资业务局。

第五章　走出不良资产的旋涡

提要　“花钱建项目，不如花钱建制度”，这是陈元到国开行后反复强调的一个理念。在不断的审时度势、砥砺革新中，一个多维度、全方位的风险管理体系逐渐成形。其中，独树一帜的大风险观、缜密严谨的评审体制、内外夹击的联合监督机制等制度创新，是国开行保持多年极低不良率、塑造核心竞争力的关键。

第一节　不良率奇迹：从 33% 到 1%

1997 年底，当国开行人检视当年的资产负债表时，难过地发现，全行的不良贷款率竟高达 42.65%。而国际上通行的不良贷款警戒线为 10%。这是一个危险的信号，长此以往，银行必将难以为继。

问题出在哪里？一个不言自明的缘由是，1994—1998 年，国开行曾接手大量奉命贷款项目，资产质量较差，其中煤炭、有色、军工、森工等行业的不良贷款尤为严重。而且，合并六大投资公司时附带来的一些“两基一支”项目，大多经济效益低，资本金不足，担保不健全，个别项目连法人都不清楚。另一个无法回避的原因是，银行的信贷管理体制不健全，风险防范意识薄弱。

1998 年 4 月至 2001 年，国开行开展三轮以降低不良资产率为核心的信贷改革。第一轮改革全面清理了以煤炭为首的六大风险行业不良贷款，调整了投资重点，减少了对过剩领域的贷款。第二轮改革废除了代理行制度，在总分行两级管理体制下，建立起标准化的直接信贷运作体系。第三轮信贷改革将回收和处置不良贷款作为重中之重，大幅压缩了不良贷款率，并根据波士顿咨询公司的意见，再造了评审与决策流程，建立了“防火墙”风险管理模式和贷款审议决策体系。

在国开行人看来，处置回收不良贷款简直是一场场战役，须因地制宜，斗智斗勇。“如今杨白劳比黄世仁牛，逃债有的是办法，黄世仁就苦了，追也追不着人。”一位国开行人说起催收贷款的曲折不胜感慨。

国开行处置办法之多，把能用的招都用上了。催收、法律诉讼、呆账核销等传统手段自然不在话下，加上债转股、资产置换、债务转移等一些新手法，总结起来十多种。其中最有国开行特色的是让地方政府施以援手。

国开行平时与不少地方政府都有合作关系，就让地方政府和行业主管部门向拖欠贷款本息的企业施压，尤其是对一些恶意拖欠的企业，这一招尤其奏效。对无力还贷的国有企业，国开行就利用自己作为主债权银行的强势地位，与地方政府合作，推进其市场化资产重组。仅2000年一年，国开行就先后与18个省市政府签订了金融合作协议，与全国27个省市建立了联席会议制度，通过政府协助回收的不良资产项目本息达到36.35亿元。

最厉害的催收办法要数"三挂钩"，即把收受挂钩、收评挂钩、收贷挂钩，把难点项目的贷款回收、风险化解与有关地区或行业的贷款发放等挂钩。换言之，如果这家企业不能如期归还贷款本息，就会连累当地其他企业和项目的贷款。比如，天津夏利轿车项目14亿不良贷款的回收，靠的就是这个撒手锏。

1999年，借四大行剥离不良资产交给信达、东方等四大资产管理公司处置的机会，国开行争取到1000亿元的额度，将几个高风险行业和风险相对集中地区的不良资产都交由信达资产管理公司收购。

借助各种办法，截至2001年底，国开行的不良率终于降至3.91%。到2002年,资产不良率已降至1.77%。不过陈元仍不满足，提出不良资产要做到"动态趋于零"。三年后，国开行的不良率果然降到了1%以下，达到0.87%，并从此保持超低水平。

第二节　独树一帜的大风险观

截至 2016 年年末，国开行的总资产已达到 14.34 万亿元，不良贷款率仅为 0.88%，已连续 12 年控制在 1% 以内，这在全世界都是一个奇迹。国开行的遥遥领先让同行十分惊愕。一些不明就里的人揣测，“这么漂亮的报表肯定是‘做’出来的”。他们不了解的是，国开行自 2002 年起就聘请国际知名会计师事务所，每一份年度财务报表都是按照国际会计准则编制并经过审计的。

还有一种猜测是，国开行发放的贷款都是中长期贷款，风险暴露的时间被大大延后了，所以现在看起来资产状况比较健康。这种猜测很普遍，听起来也似乎合乎逻辑。确实国开行很多贷款都是政府导向，体现国家意志，而且多为关系国计民生的重大项目，时间特别长，容易受经济周期、市场波动的影响，项目收益的不确定性远高于短期项目。比如，中西部地区的个别水电、公路项目最长贷款期限达到 30 年。

国开行如何把不良贷款控制在 1% 以下？答案或许是：独特的大风险观，及在此基础上形成的风险管理体系。

所谓大风险观，即以服务国家战略为出发点，在支持中防控风险，在发展中取得收益，把防范项目风险、保证本息回收与实现国家战略利益统一起来，从而找到管理集中、大额、长期融资风险的方法。

国开行首先尤为重视规划先行和行业研究，这也是它的独门秘籍。在一个个数以十亿、百亿计的大单产生之前，国开行会与中央部委、各地政府及相关企业、科研机构合作，配合国家重大区域和产业规划，以及地方的长远发展规划来做融资规划，从项目入口就控制住风险。

渐渐的，一批善于做行业研究的专家队伍建立起来，能相对准确地甄别优质行业和客户。国开行的“专家型银行”的美誉也就这样传开了。

其次，是以信用建设为主线推进业务发展。其实，国开行支持的大多是瓶颈领域，借款主体信用不健全，风险控制难度大。他们的办法是，从建设市场、信用、制度入手，推进企业的治理结构、法人、现金流和信用建设，帮助借款企业树立了信用观，企业经营健康，贷款回收就不是问题。一位老开行人说：“陈行长常说的一句话就是，市场是创造出来的，培育一个个项目就是创造市场的过程。”

在此过程中，国开行还有另一个诀窍——最大限度地发挥政府的作用，使其成为防范信贷风险的同盟。

2004 年、2005 年，国开行先后在天津市和黑龙江省进行试点，围绕 500 亿城市建设贷款和 600 亿振兴老工业基地贷款，与地方监察机关建立联合监督机制，负责对贷款的运用和归还进行全过程执法监察，各类违法违规问题很快露出了马脚。比如，高估概算套取贷款资金，挪用贷款资金，资本金不到位，行政审批不全，工程招投标不规范，等等。发现问题后，当地政府立即责令相关单位整改，同时追究其责任。

地方监察机关的介入，不仅增强了监督的威慑力，防止信贷资金的挪用和转移，也防止了权钱交易、商业贿赂等腐败案件的发生。另一方面，政府和企业的还款意识也加强了，还促进了国开行与地方政府的合作。2006 年，陈元宣布在全国推广此模式，国开行所有分行都与当地省级监察机关建立了联合监督机制，并延伸至县域。2008 年，国开行将联合监督的主体扩大到了银监、审计、财政、发改委、建设、国土等监管和职能部门。这样，一个完整的联合监督体系就建立起来。

当然，风险管控最终要依托于国开行内部的全面风险管理机制。如果简要地描述这套全面风险管理机制，大概有以下三点。

首先，建立严格的信用评级制度和贷款审批制度，实行审贷分离、专家评审等制度，严把项目入口关。

其次，建立科学的评审管理体制。设立评审管理部门，负责项目开发、制订行业评审标准、组织行业评审，以及对项目风险独立评估，提出判断意见，做出风险管理全覆盖的安排。

最后，强化贷后管理和内部控制，对风险进行识别、预警和评估，以期实现风险的全覆盖。在风险的处置上，则运用资产证券化、银团贷款等多种手段，建立风险退出和分散机制。

值得一提的还有国开行特有的“流动的贷委会”。2007 年年初，十年未变的贷委会主任由定职变成了轮岗，每 3 个月为一届任期，由各副行长轮流担任。除了固定的常设委员，又增设 16 位专职委员，由资深顾问、行务委员和局级干部组成，按月随机抽取，参与常设委员的审议会议。这样，贷委会就变成了一个“流动着的机构”。即便贷委会通过了，行长仍然有权否决，但行长没有“复活”被前面流程所拒掉项目的权力。这一条“点头不算摇头算”的特殊规则，是陈元为自己设定的。

贷委会从制度上对“人情贷款”“关系贷款”形成了屏障，减少了操作风险和道德风险，也减少了决策失误。

第六章　中国投资银行并入

提要　成立仅四年的国家开发银行，却准备将有17年历史的中国投资银行并入重组。这场被业内誉为“银行业重组第一案”的合并事件，有着怎样的机缘与远谋？中国当代银行史上的第一例“1+1”，会以怎样的方式谢幕？

第一节　银行业重组第一案

1998年6月中旬的一天，中国投资银行行长刘大为被他的老上级陈元请到办公室。“如果把投资银行与国开行合并，你觉得怎么样？”陈元问。刘大为点点头，“有这可能性，可以讨论。但需要先跟建行沟通一下”。

两家银行合并的动议绝非简单的拉郎配，而是彼此互补短板、抱团取暖的一步棋。

中国投资银行成立于1981年年底，是中国当代史上唯一以“投资银行”冠名的金融机构，但它其实与投资银行的业务完全不搭界，而是一家外汇转贷银行，即承接世界银行对中国的外汇贷款，支持以轻纺为主的工业项目，贷款由财政担保兜底。

1989年，当世界银行停止贷款援助，投资银行失去了原来的主业，随后艰难转型为一家商业银行，建立分支机构并吸收存款、发放小额贷款。直到1994年8月转制为建行附属的全资商业银行。

但投资银行彼时依然处境尴尬，发展受到桎梏。一是身负30亿美元的巨额外债和44%的不良贷款率，1997年他们曾试图进行股份制改造，引入建行之外的其他战略投资者，但沉重的负担让投资者望而却步，引资失败。二是投资银行与建行的业务同质性很强，集团内争不断。在一些地市级城市，建行的分支行常常紧挨着投资银行的业务网点，两家银行经常在一条街里上演短兵相接的存款大战，一些客户前脚刚走出建行大门，后脚就被请进了投资银行。

国开行则面临“破脚缺腿”的痛苦，贷款的发放和回收都要靠代理行，造成管理半径过长，风险陡增。

当时在中南信贷局工作的姬巧玲回忆起这一段，仍是牢骚满腹：“靠代理贷款弊病太多了。国开行无法直接把钱给项目，不能直接盯着钱用到了什么地方，更不能直接回收贷款本息，全靠代理行去做，基本就是个盲人。不仅不能控制风险，连风险在什么地方都不知道。更严重的是，国开行很多大型的水电项目要直接落实到基层，代理行的分行或支行很难有足够的水平来进行大项目的管理。”

陈元清楚，没有分支机构的银行不是真正的银行，更无法实现把国开行打造成为国际一流银行的宏伟目标。当务之急是尽快建立起分支机构，更贴近市场。

但是，为防范亚洲金融危机的冲击，中国人民银行对金融机构新开网点的审批非常严格，陈元在中国人民银行任副行长时还曾定下“银行一年不能设立两个以上分行”的规定，如果按部就班，成立20多家分行至少要十个年头。

彼时，国开行只有武汉分行一家分支机构和深圳、西安、成都三个代表处，而投资银行已在北京、上海、深圳等29个大中城市设有区域性分支行，拥有170多家营业网点，资产总额达到813亿人民币。

因此，合并投资银行是弥补国开行分支机构短缺的最佳选择。还可以获得“中国投资银行”这张难得的国字头牌照，便于未来开展投资银行业务。而对于一路彷徨的投资银行，这也不失为一个好的归宿。

征求刘大为的意见后，陈元立即赶赴建行，与时任建行行长周小川见面，提出了整体接收和重组投资银行的想法。建行随即成立以行长助理田国立牵头的专题小组，就重组合并的利弊进行论证。两行迅速达成了整体转让和重组投资银行的协议。

第二节　投行行长病倒了

1998年7月，建行和国开行将转让重组投资银行一事报告给中国人民银行，但接下来两个月却如石沉大海，杳无音信。他们没想到的是，中国人民银行对投资银行的前途还另有考虑。

1998年，在亚洲金融危机的冲击下，仅诞生两年多的海南发展银行因发生挤兑被关闭，国内第二大信托投资公司、曾作为政府融资窗口的广东国际信托投资公司也由于经营困难，资不抵债达到146.94亿元，被中国人民银行关闭。中国人民银行希望设立一个机构，专司清收和托管有问题的金融机构。当时的投资银行有完整的全国性网络，但没有明确的发展方向，似乎正是实现这一设想的最佳载体。

然而，时任国务院总理朱镕基收到中国人民银行呈送的此方案时，他迟疑了。朱镕基认为，[①] 当初这些有问题的金融机构由中国人民银行所批，多年来一直受中国人民银行的直接管理，现在又让中国人民银行自己的机构去托管清收，很可能搞不好。10月初，总理给方案投了否决票。

总理的反对，使中国人民银行重新考虑国开行合并投资银行的方案。但是，合并方案到财政部会签时，又遇到了阻力。中国

① 资料见于http://finance.sina.com.cn/china/hgjj/2017-07-06/doc-ifyhweua4030253.shtml。

人民银行和财政部为此讨论了整整一个多月，最终由于财政部部长项怀诚坚决不同意，报告再次被搁置。

这一切都让投资银行行长刘大为焦急万分。经历了多年的徘徊不定，投资银行走到了一个历史关口，舆论亦沸沸扬扬，究竟是留在建行，还是转投国开行，各部门利益纠葛复杂，一时难以达成妥协。这期间，刘大为亲自考察过的韩国长期信用银行在亚洲金融危机的冲击中倒闭了，也给他心头蒙上了一层阴影。1998 年 10 月 30 日，刘大为突发急性心肌梗死，被迫脱离工作岗位。

在改革转制的关键时点，行长突然病倒，投资银行失去了管理核心。周小川得知消息，顿感焦虑。亚洲金融危机还没有过去，遍布全国的 137 家投资银行网点，万一有一家出现挤兑，很容易诱发全行业的系统性风险。

周小川不敢再等下去了，亲自给朱镕基总理写了封信。这封信大意是，投资银行行长突然病倒，不能主持工作，现在投资银行在管理体制上还有很多问题没有解决，时间长了，担心会出事。

11 月 14 日，时任国务院总理的朱镕基对这封信做出了肯定的批示，即投资银行并入国开行之事不要再争论了，“抓紧实施”。在总理的支持下，屡遭搁置的合并重组终于又一次加足了马力。11 月 24 日，中国人民银行将合并报告呈送到分管财政金融的国务院副秘书长马凯手中。

马凯曾是陈元在北京四中的老同学，他比较了解投资银行转制对两行发展的重要性以及金融危机遗留的潜在风险，时间紧迫，容不得再争议往复。于是，他在文件中用相对强硬的语气写道："经研究，各部门已经取得一致意见，建议同意，请领导批示。"

马凯这一招果然奏效，各主管部门也不再针锋相对。短短一周的时间，报告就经时任国务院秘书长王忠禹、分管金融的副总理温家宝和常务副总理李岚清等批阅，最后呈交到了朱镕基总理面前。12 月 8 日，朱总理在报告上签了字。

第三节　转手光大

两行合并还有一个大问题没解决——投资银行 137 家同城营业网点怎么办?

由于国开行是政策性银行，不涉及一般商业银行的个人零售业务，原投资银行分支行以下的同城营业网点与国开行的职能不匹配。中国人民银行要求把储蓄存款、对私业务以及相应机构和人员，整体转让给建设银行或其他商业银行。

建行当然不想再拿回这块资产，因为业务网点同质性强，投资银行的支行对建行来说实属多余。国开行决定向各家商业银行发出征询书。很快，光大银行、中信银行、深圳发展银行等 8 家商业银行表达了接收的意向。但是，各家银行都只打算从中挑选资产质量较好且能弥补本行机构网络缺口的营业网点。刘大为刚刚出院就听闻了此事："几家商业银行都想挑最好的肥肉，众口难调，操作起来很困难。”

但此事不可耽搁。投资银行共有5000多名员工，其中约2400人在支行，此时国开行才1000多人。这2000多人知道他们面临着再转移的命运，不免人心惶惶，无心工作。

左右为难之时，时任光大银行董事长朱小华找到陈元，表示愿意接收投资银行的全部同城营业网点和债权债务。

朱小华是这样算账的：光大银行当时只有108个机构网点和2600多名员工，在全国同业中只能算小兄弟。如果把投资银行137家同城营业网点并入，光大银行的机构网点将由原来的108家增至245家，员工由2600多人增加至5100多人，总资产达1500亿元，经营规模将在中国银行业中跃居第六。

后来，朱小华在接受媒体采访时，把此次对投资银行的接收归功于光大的实力和运气。他说，国外银行并购活动中，头头脑脑的安置一直是让人头痛的难题，光大这次就没有类似的烦恼，因为国家开发银行要建立自己的分行网络，把原投资银行的头头脑脑都要走了。投资银行的基层网络并过来了，整合起来就顺利多了。国外银行要把两套指挥系统整合到一起费时费力，往往两三年后经营还上不了轨道，而光大和原投资银行的客户多为企业，业务很相近，这也让光大占了不少便宜。①

朱小华一面豪气地提出接收投资银行全部营业网点和债权债务，另一方面又以“保支付”为由，向国开行要求拆借50亿元。

---

① 参考 http://business.sohu.com/history/990518/file/729cbweek-n.html。

刘大为心中有数，所谓“保支付”的担忧其实是不必要的，因为考虑到管理体制可能发生变化，他提早在投资银行的账上保留了40多亿元的现金存款，以应对支付之需。这50亿元不过是借“保支付”之名行借款之实罢了。

但为了尽快完成再转让，陈元爽快地答应了朱小华的要求。就这样，光大与国开行在营业网点的转让上达成了共识。1999年3月18日，国开行与光大银行签订了整体收购原投资银行债权债务和137家同城营业网点的协议。

实际上，朱小华对合并后可能面临的挑战也有所准备。他算了一笔账，光大原来用2600人管理着800亿元的资产，而同样资产规模的投资银行原来则有5000人，这次转让光大接收了原投资银行一半的员工，要用4900人去管理原来7400人管理的资产。不过，他还是很有信心，对于投资银行网点如何和光大进行整合、怎样在业务上分类处理，他有自己的一套想法。

在接收之前，光大银行对投资银行的不良资产进行了分项考察，并争取到一个决定接收成败关键的前提条件。这个前提条件就是，原投资银行为财政做的世行转贷款形成的外汇不良资产，进行表外处理，光大只协助其进行账户管理，不承担债务。换言之，这部分外汇不良资产最后由国家财政兜底。

这样一来，光大银行接收的投资银行不良资产率降低了不少。其内债不良资产比例下降到30%以下。而光大通过收购获得的净资产、呆账准备金和网络资源，便能冲销现有“两呆”（指呆滞、呆账）的60%以上，接管过来的不良资产（指逾期贷款）比率降到了20%以下。

而在朱小华看来，凭光大的实力和能力，处理这部分不良资产没有什么大问题。他甚至提出，希望“原投资银行部分的盈利水平在合并3年后达到光大同样规模的60%，整体不良资产比例从目前的12%下降到一位数的水平”。[①]

这次转让被视为多方共赢之举。但出人意料的是，投资银行转入光大仅3个多月，朱小华由于涉嫌收受巨额贿赂而被免职。此后，光大管理层人事频变，董事长换任多人，对投资银行的整合与不良资产的化解没有按照朱小华最初的设想进行下去。

接收投资银行，渐渐从最初的“成功创举”，变成光大银行的一个巨大包袱，拖累了其多年的经营业绩。他们甚至觉得，同时接收投资银行所有的债务是“吃大亏了”。因而，光大当年向国开行拆借的50亿元资金被无限展期，直到2005年也没有还本付息。两行为此争执了很长时间，甚至打起了官司。最后，光大银行提出，本金可以分期还，但10多亿元的利息得免除。国开行答应了这个条件，一番纠葛方告终结。

---

① 参考 http://business.sohu.com/history/990518/file/729cbweek-n.html。

第七章　中国第一家债券银行

提要　“很多人以为我们发债很容易，两三个人到中央国债登记公司去，半小时就可以发600亿元。”高坚回顾这些年来国开行金融债的发行时说，“实际上每次发行债券都很紧张，我们研究市场、分析市场，一直是战战兢兢，如临深渊，如履薄冰，手里捏着一把汗，因为市场随时随地在变化。”

第一节　逼出来的改革：市场化发债

逼出来的改革

作为计划经济向市场经济转型中的产物，行政派购债券注定只是权宜之计。随着金融机构自主性增强，一股强烈的抵触情绪渐渐弥漫开来。国开行的发债难度日益加大，矛盾愈加尖锐，行政派购方式到了退出历史舞台的时刻。

投资人的不满主要来自三个方面。首先，发行方式非市场化，中国人民银行用指令性派购方式将债券认购指标分派下来，年初就确定了全年发行计划。其次，发行利率非市场化，实行固定利率，并由中国人民银行确定（1997 年 10 月改为“一年一定”的浮动利率），难以及时反映资金市场供求关系和成本变动，甚至与同期国债利率倒挂。最后，债券品种、期限结构单一，不利于投资人资产期限匹配。

其实，行政派购方式也加大了国开行的资产负债匹配难度和筹资成本。一来审批程序复杂，效率比较低。二来各投资机构有钱就买，没钱就拖，承购债券的资金经常延迟支付。催要账款几乎成了国开行发债后的家常便饭。

而且，派购的债券成本高、期限短。1994—1998 年，派购债的平均利率为 8.92%~11.2%，远高过市场化发行的利率水平；平均发行期限仅 4.9 年，为国开行贷款平均期限的一半，造成资产负债期限严重错配。

投资者的消极态度，使得派购发债也成了中国人民银行的一大负担。时任中国人民银行货币政策司司长戴根友，回顾这段历史时谈道，“行政派购后期，人民银行组织国开行发债的难度越来越大，央行频频下调利率，每一次降息，投资人与发行人都会经历一次艰难的谈判。贷款利率下降，开发银行利差缩小，要求债券利率随央行降息而下调，投资人则要求按认购利率执行，双方利益冲突很大”。

派购方式难以为继，终于逼出了一场市场化发行金融债券的改革。

市场化发债的首秀

1998 年，中国银行间债券市场的规模还较小，尚无市场化发债先例。但对国开行来说，市场化发债成功与否关系着筹资大计，不能失败。陈元更是将此作为头等大事，亲自推进市场化发债的评估、论证和各项准备。

他们充分考虑了发行时机、发行预案乃至发行失利后的补救等因素，设计了一套相对周密的发债方案。其主要内容是：债券为无纸化，采取公开招标、簿记方式发行，组建承销团，发行利率水平、承销数量完全取决于承销机构的自愿投标结果。招标发行的债券是标准债券，便于上市流通。

这套方案很快得到中国人民银行的批准，同意国开行“市场化发行第一期 50 亿元金融债券”，发行对象为商业银行和商业保险公司，允许行政派购和市场化发债两种方式并行。

为消除投资人的后顾之忧，8 月 21 日，国开行邀请 25 家商业银行和 6 家商业保险公司及中国人民银行、财政部等有关部门的代表参加发债预备会议。

会上，戴根友作为中国人民银行的代表，表示坚决支持国开行市场化发债，并针对部分投资人对认购后变现难的忧虑，宣布了中国人民银行的三条措施：将用公开市场业务大力支持国开行市场化发行；市场化发行后债券马上可以在银行间市场流通，如果投资人不希望持有，中国人民银行将通过公开市场业务操作买回债券；人民银行将用2~3年的时间，以双轨制方式支持开发银行平滑过渡，完成由派购发行向市场化发行的转变。中国人民银行的认可，给投资人吃了一颗“定心丸”。

国开行一边争取各部门的支持，一边抓紧行动，在银行间债券市场组建了有国有银行、城市商行、中资保险机构、城乡农信机构等30家成员单位的首期开发银行债券承销团。

万事俱备，只欠东风，债券市场化的首秀只剩下时间窗口的选择。1998年7月，经过连续五次降息，1年期定期存款利率已从10.98%下降至4.77%，处于1949年以后最低水平。持续的低利率环境提高了银行间市场债券的吸引力，市场化招标的时机来了。

9月2日，国开行向承销团招标定向发行1998年第一期1年期“国家开发银行金融债券”50亿元。投标量达到发行额的3.73倍，共有20家机构中标。发行票面利率为5.19%，低于央行备付金5.22%的利率，综合费用比同期派购发债成本降低0.67个百分点，仅此一笔发行就节约筹资成本3300万元。

此举对于中国债券市场有着里程碑式的意义。债券市场化首发当年，我国债券余额占证券市场的比重即从1997年的36%提高到了41%。同年，进出口银行也进行了市场化发债的尝试。

1998年国开行市场化发债共350亿元，仅占发债总额的

21%。第二年，以市场化方式发行的金融债券就达到了1530亿元，占发债总规模的96.8%，比派购方式节约成本18亿元，派购时期屡见不鲜的债券资金拖欠现象终于画上了句号。

作为仅次于中国人民银行和财政部的第三大债券发行机构，国开行已成为中国债市无出其右的主力军。其债券是国内资本市场重要的投资工具。

国开行还是最活跃的创新者。其创新内容涵盖了债券期限结构、利率结构、期权结构以及债券发行方式等各个方面，既有产品创新，也有制度创新。这些创新不仅丰富了银行间市场的交易品种，提高了流动性，也为央行开展公开市场操作提供了便利工具，促进了债券市场的发展。

中国特色的“浮息债”

市场化发债元年，出于“试一试”的心理，国开行所发债券全部为3年期以下的短期债券，显然不能满足长期、大额的贷款需求。连续发行四期债券后，陈元提出：“要争取发行5年期以上债券，如果不能发行长期债券，不能实现与信贷资产结构的期限匹配，就不能证明开发银行市场化筹资的成功。”

然而，持有长期债券意味着将要承担较大的利率风险，必须寻找一种既能规避风险、降低成本，又能优化负债结构，筹集低成本长期资金的工具。

此时，知名债券专家高坚从财政部调任国开行总经济师，担任债券业务的牵头人。这位被摩根士丹利全球首席经济学家史蒂芬·罗奇评价为“奠定中国债券市场基础”的经济学博士，曾在创建国债市场、政策性金融债券市场，完善国内资本市场和提升我国政府的主权信用等方面做出过突出贡献，被誉为“中国债券之父”。也是在他的带领下，国开行制订了市场化发债的招标发行方案。

“很多人以为我们发债很容易，两三个人到中央国债登记公司去，半小时就可以发 600 亿元。”回顾这些年来国开债的发行，高坚对笔者说，“实际上每次发行债券都很紧张。我们研究市场、分析市场，一直是战战兢兢，如临深渊，如履薄冰，手里捏着一把汗，因为市场随时随地在变化。”

谨慎行事的同时，国开行还要不断向投资人推出新品种。因为高坚一直认为，创新是债市发展的生命线，没有创新，市场就没有活力。

这时，高坚提出了发行浮动利率债券的设想。他注意到，银行间债券市场的承销商主要是银行，银行的存款利率由央行根据经济状况浮动，因此银行也需要其资产具有浮动性，以便实现资产和负债之间的匹配。

浮动利率债券是指以某一可变利率参考指标作为基准利率，再加（减）一定利差以确定票面利率的附息债券。在海外成熟的债券市场，浮息债券一般选用灵敏的市场化利率指标作为基准利率，利差则参考互换市场确定。例如美国浮息债券的基准利率主要为 3 月期国债利率，欧洲则主要选用 3 月期 LIBOR（伦敦同业拆借利率）。

但当时我国债市还处于起步阶段，市场发育程度很低，既没有合格的国债收益率曲线，也没有成熟稳定的同业拆借利率。应以什么利率作为浮动利率债券的基准利率？

国开行研究了1949年以来所有利率产品之间的相关性，最后确定以央行1年期定期存款利率为基准，设计具有中国特色的浮动利率债券。[①]

高坚回忆，“当时，基准利率确定以1年期存款为基础，是因为存款利率由央行确定，具有法律基准性质，不容易引起争议。而且央行调整利率时总是同时调整短期和长期利率，这样有助于购买债券的银行锁住资产和负债不匹配的风险”。

1999年3月，国开行在银行间市场第一次发行了10年期浮动利率债券。债券票面利率为基准利率加上一定的基本利差，基本利差通过招标方式确定。当期中标基本利差为1.165%，加上当时央行一年期定期存款利率3.78%，票面利率为4.945%，低于派购水平。

浮动利率债券一经推出，就受到了市场欢迎，投标量达到1.8倍。不久，国债、企业债券均效仿这个模式，相继发行大量浮动利率债券，成为早期并不活跃的债券市场中一道亮丽的风景。此后，国开行又推出了多品种的浮动利率债券、短期债券、超长期债券和含权债券等创新产品。

从依靠行政力量派购转向自行发债，成为开发性金融与政策

---

① 国家开发银行·中国人民大学联合课题组. 开发性金融与中国债券市场创新［M］. 北京：中国人民大学出版社，2007：58-59.

性金融的重要分水岭。它不仅帮助国开行建立了稳定的资金来源渠道，而且发行成本低于派购债券，并建立了债券自由流通的二级市场。

对此，中国银行香港分行行长张庆收曾这样表达对开行债的赞许，“在中国市场上，做资金交易或者债券交易的人都愿意拿开行债，因为交易员可以通过开行债表达他的观点”。

第二节　债券市场领军者

次级债开路人

1998 年债券发行市场化以后，国开行专心耕耘于债券市场，不断完善债券筹资机制，逐渐确立了其“债券银行”的独特定位。

从 1999 年的 1581 亿元到 2014 年的 11750 亿元，国开行金融债发行量保持稳定增长，2014 年全年发债 1.17 万亿元，累计发债突破 10 万亿元，远大于中国进出口银行和农发行。截至 2014 年年底，开行债存量已达 6.34 万亿元，约占国内债券存量的 1/5。同时，国开行也是国内最大的债券承销商之一，2014 年，国开行共计承销债券 430 只，承销规模 7600 亿元。

以债券融资机制为基础，国开行可以实现主动负债，最大限度地优化资产负债结构，大幅降低了债券成本。同时，国开行拥有了中国债券市场最具代表性的收益率曲线，并且具备了最强的市场分析、产品设计能力。

第三节　试水资产证券化

“走一条别人没有走过的路”

作为亚洲最大的资产证券化市场，截至 2017 年 2 月，中国资产证券化产品发行总额达 2.09 万亿元，成为拓宽企业融资途径、提高经济整体运行效率的有效工具。但资产证券化发轫之始却十分曲折。

资产证券化的基本含义是：金融机构将具有稳定本息收入（现金流）的信贷资产“真实出售”给 SPV（特定目的载体），经打包重组后，发行可流通证券的一种融资制度安排。

资产证券化自 20 世纪 70 年代初在美国问世以来，已在欧美及日本、韩国等国家大行其道。美国华尔街流传着这样一句名言，“如果有一个稳定的现金流，就将它证券化”。2014 年，美国资产证券化市场的存量规模高达 10 万亿美元，成为仅次于联邦政府债券市场的第二大市场。

在国内，中国人民银行是最早研究和倡行资产证券化的部门。中国人民银行金融市场司还专门编著了一本书——《中国资产证券化：从理论走向实践》，阐释了资产证券化的现实意义：改善银行资产长期化、负债短期化的信贷期限结构，提高金融系统的稳定性；促进银行转变盈利模式，提高资本充足率；健全市场定价机制，合理分散信用风险；推动资本市场发展，增加投资者的选择；还可适应金融对外开放。[1]

早在1998年4月，初到国开行的陈元就提出了资产证券化的设想，组织人员出国考察并进行基础知识培训。陈元认为，信贷资产证券化是长期风险资产转化为现金流的有效工具，是融资方式由低级形态向高级形态转化的重要里程碑，代表着融资的演进方向。[2]他曾在会上提醒国开行人，风险管理是国开行转型要面临的巨大挑战，在国内没有先例可循，要运用资产证券化等多种方式，"走一条别人没有走过的路"。

1999年7月，国开行召集12家金融债承销团成员进行资产证券化方案的设计与论证，形成初步的上报方案。2001年12月，国开行向中国人民银行提出，拟借鉴美国房利美的经验，发行住房抵押贷款债券，用于购买商业银行的住房抵押贷款，开展资产证券化。

此前，看到深圳市商业银行的房贷缺乏流动性，国开行在三年时间里购入深圳市商业银行住房抵押贷款近20亿元，吃了国内住房金融二级市场的第一口"螃蟹"。

但是，主管部门并没有批复这个申请。主管部门担心方案不

① 中国人民银行金融市场司编．中国资产证券化：从理论走向实践［M］．北京：中国金融出版社，2006.

② 陈元．以市场建设推进信贷资产证券化发展［N］．金融时报，2005-12-19（A02）.

规范，担心银行做赔本买卖，担心监管跟不上、法律缺失。更重要的是，资产证券化涉及央行、银监会、证监会、建设部、财政部、税务总局等多个部委，监管部门之间缺乏契合度。而且，方案本身与监管部门的目标也存在距离，资产证券化不得不暂时搁浅。①

比如，建设部就投了反对票。2003年，建设部的一份报告指出，由四大国有商业银行开展住房抵押贷款证券化业务，“不利于非银行住房贷款者的产生和发展，不利于中小机构按揭份额的扩大，不利于住房政策的体现，不利于全国按揭标准化”。

银行无力与部委相争，只能倾尽全力把方案设计得更加周密，让参与各方无可指摘。

“为了把方案做得更漂亮，为了让监管部门尽快通过证券化方案，设计者宁愿让自己承担尽可能多的风险。于是监管者会问，你为什么这么做？是不是只为抢到资产证券化‘第一单’的名头？”参与国开行证券化方案设计的洪艳蓉律师感慨，“在证券化问题上，监管层表现出极大的谨慎。”

证券化的很多操作环节不同于传统金融工具，每多一道环节就意味着多一项风险。更重要的是，一旦开展证券化，监管部门便不能轻易叫停。“一方面叫停成本很高，另一方面也会损害市场信心。”洪艳蓉对监管部门举棋不定也表示理解。

在各项制度不健全的情况下，推行资产证券化变成一个艰辛且漫长的过程，多家金融机构的尝试连遭挫折。

---

① 韩瑞芸．国家开发银行与建设银行资产证券化遇阻部委会［N］.21世纪经济报道，2004-12-22.

从1999年起，建行先后向央行递交了五套住房贷款证券化的试点方案，前四套方案因为设计缺陷而被央行否决，第五套方案也因法律层面的问题而被国务院否决。2002年，建行还曾因一批住房贷款证券化被告上法庭。

运用信托进行分层设计的方式需要高昂的费用。2003年，华融公司采用信托分层方式将132.5亿元不良债权资产委托给中信信托公司，设立了3年期的财产信托，提前收回了处理不良资产的10亿元收入。但由于向投资者支付利息以及分层信托需要高额的中介费用，总成本居然比按传统方式处置不良资产高出一倍多。

资产证券化在金融界多年的千呼万唤中没有取得实质性突破，银行、资产管理公司等参与者一度兴奋的神经开始疲倦。

从优质资产证券化出发

转机出现在2004年。这一年，央行在季度货币政策报告中，多次指出商业银行存贷款期限不匹配。解决银行资金“短存长贷”、资产负债结构不匹配的问题已刻不容缓。作为首选方案之一，资产证券化的提议引起了国务院高层的关注。

2004年初，“国九条”的出台，终于为资产证券化的全面展开打破了坚壁。“国九条”即国务院出台的《关于推进资本市场改革开放和稳定发展的若干意见》，提出要丰富资本市场的投资品种，加大风险较低的固定收益类证券产品的开发力度，为投资者提供储蓄替代型证券投资品种，探索开发资产证券化品种。

资产证券化被时任中国社会科学院金融所所长李扬称为“金融创新工程的皇冠工程”，意为其内涵和操作非常复杂。各类证券产品形形色色，什么叫资产支持证券？如何表述它？它的风险在哪里？交易如何设计？法律法规和制度的障碍怎样去克服？一连串的问题横亘在研究者面前。

对于这项全新的研究，高坚坦陈：“我以前在财政部负责过国债的发行，但并没有真正研究过资产证券化。我根据安全金融学的理论，详细分析每个层次的运作过程，计算相应的投资回报，完全运用经济学的理论知识设计最初的方案。”

资产证券化小组的一位成员回忆，“2004 年初，我们成立了专门的 ABS（资产支持证券）设计团队，从完全不了解开始，边学习边研究。有一段时间，我们跟律师、信托机构、中介机构等 30 多人在会议室谈了整整七天，从每天早晨 8 点到晚上 8 点。一千多页的协议、信托合同、托管合同等一条条地谈，一条条地过。谈判的过程也是学习的过程，我们对产品结构、产品特点就有了比较深刻的认识”。

研究者为这个舶来品设计了很多名字，如资产证券、信托证券等，最后遵从国际惯例，确定为“资产支持证券”。“因为资产支持证券最贴近这个金融产品的内涵。这个产品是什么？就是把有预期稳定收益的信贷资产出售给特定目的载体，经过打包重组后形成一个资产池，通过它的现金流来支持债券的发行”。主要的研究者之一，时任国开行投资业务局副局长刘勇说。

研究者们总结了 16 个字来概括资产证券化的实质和内涵，

即真实出售、破产隔离、信用增信、税收中性。

真实出售，即金融机构转让信贷资产的全部收益和风险，该项资产移出资产负债表。破产隔离，即“真实出售”后的信贷资产所产生的收益和风险，法律上不受任何相关机构破产风险的影响。换言之，即便将来国开行关闭，资产池也不会被清算。信用增信，则是对产品实行分层，如优先级、普通级、次级等。税收中性，则是指在多个交易环节中，不能重复征税。

信用风险、市场风险、操作风险是所有金融衍生工具的风险集聚点，而对于资产证券化，基础资产的信用风险又是投资者面临的最重要的风险。那么，应该用什么样的资产来支持证券？是优质资产还是不良资产？

刘勇和他的同事们主张用优质资产来做。他说：“我国的 ABS 应以优良资产起步，再逐步过渡到不良资产，因为中国投资者和资本市场还不够成熟，以不良资产支持债券化定价比较困难。”

因而，国开行在第一轮产品的设计中采用了“良性资产证券化”。资产池中主要是国开行已投放的基础项目长期贷款，涉及电力、城建、电信等 12 个行业，共有 62 笔贷款，债权总金额为 52.8689 亿元。其中一类资产占总量的 88.6%，二类资产占总量的 11.4%。

把好资产拿出来，有些国开行人还有点舍不得。但对于中国金融界来说，信贷资产证券化的第一单太重要了，只能用优质资产确保一个好的开端。

根据对资产池的现金流测算，国开行将证券分为优先 A 档、优先B档和次级档三个档次，比例分别为70%、24%和6%，加权平均期限分别为0.62年、1.29年和1.72年。其中A档为固定利率2.29%，低风险、低收益；B档为浮动利率2.97%，中风险、中收益；次级档为无票息证券，高风险、高收益。证券分层结构的引入，既满足了投资者对不同风险与收益的需求，又让更低档次的投资者为上一级投资者提供担保，构筑起证券内部的担保机制。

几经周折，2005年2月25日，国开行和建设银行终于拿到了首批试点资格，分别试点ABS和MBS（住房抵押贷款证券化）。

首笔ABS破茧而出

国开行人给首笔ABS起了一个响亮的名字——“开元”，似有“开元盛世”的寓意。外界的人不免将其与陈元的名字挂起钩来，不过谁想一探究竟，国开行人却是一概笑而不答，“你自己去想”。

2005年12月，银监会批复，同意国开行作为发起机构，由中诚信托在全国银行间市场发行2005年第1期开元信贷资产支持证券。孕育多时的资产证券化试点终于破土而出。为这一刻，国开行人准备了整整7年。

国开行此前在上海做了一场产品推介会，商业银行、保险公司、基金公司、证券公司，甚至刚刚萌芽的私募都来到了现场，200多家投资机构几乎涵盖了所有机构投资者类型。场面出乎意料地热烈，一个能容纳500人的大会议室座无虚席，连过道都站满了人。

中行、建行、农行、广发行、中信证券等机构踊跃认购，发行量达到 41.77 亿元。国开行资金局一位人士谈及此事不无兴奋地说：“此前，国开行一直将自己投放的贷款转卖给其他商业银行，这些商业银行都非常乐于接受，因为国开行已经把风险减少到了最低。有了这些稳定的客户群，我们的资产支持证券很快就销售了出去。”

七年的努力没有白费，这些基础资产多属贷款集中度较高的资产，通过证券化，将信用风险转化为了市场风险，降低了贷款集中度，同时释放了信贷规模，累计减少资本占用 8.4 亿元。

监管部门也认为，国开行首笔信贷资产支持证券参照国际化标准，与前期一些非银行机构发行的同类产品相比，更符合规范。

到 2008 年底，国开行累计发行信贷资产证券 137.6 亿元，是国内发行期数最多、金额最大的银行。尽管占国开行总资产的比例很小，却是中国资产证券化迈出的一大步。

不过，资产证券化的早期实践也存在不少问题，比如机构投资者不足、多集中于银行体系、次级档销售比较难、审批效率不高等。

出于对风险的警觉和控制，监管方对国开行的次级档债券做了严格限制，一些有经验的机构投资者被排除在外，次级档债券的销售留下了遗憾。

“在前三单的试点过程中，次级档的销售一直是一个难点。银行间市场需要次级档产品的机构比较少，银行和保险公司都没有购买意愿，基本上都是被证券公司买走，再继续包装做成其他的产品。”国开行市场与投资局处长邓琪说。

另一件困扰银行的事情是，由于试点工作比较复杂，资产证券化的审批程序繁复，耗时冗长。中国人民银行和银监会等多个部门的“三堂会审”常常持续数月，有时盼到了审批通过，却已时过境迁，原来的基础资产已经发生了很大变化，资产池又要重新变动。

2008 年下半年，资产证券化的第二批试点额度还没用完，全球金融危机呼啸而至，来之不易的试点工作也随之搁浅。

第八章　开发性金融理论成型

提要　“顺境隐于市，逆境托举市”，这是陈元给开发性金融做的定位。换言之，在经济快速增长期，开发性金融隐于市场，通过为项目构造市场出口引入商业资金；在经济下行期，鼎力支持瓶颈领域，为经济增长注入动力，从而平抑经济周期的波动。

陈元关于开发性金融理论的一些精辟论断，诸如开发性金融与政策性金融、商业金融的关系，国家信用与市场化运作的关系等，回答了市场上许多似是而非、模棱两可的质疑，是研究开发性金融的重要入口。

第一节　为缺失的市场信用“造血”

1998 年的春天，陈元受命来到国开行。当他面对国开行高达

1700 亿元的不良贷款，并试图追究其背后的逻辑与真相时，第一次切肤地感到，这个看似蓬勃而强壮的国度，正被某种全身性的顽疾所折磨，它啃噬着人与人之间的信任感，阻滞着经济活动顺畅地展开。这种顽疾就是市场信用的缺失。

1997 年末，刚成立四年的国开行，不良贷款率就已高达 42.65%，远高于国际通行的 10% 不良贷款警戒线，处于无法持续经营的危险边缘。不良贷款高企，有经济环境急剧变化和信贷管理不到位的因素，但更深层的原因是社会信用体系的缺位。

不少企业将银行资金视为国家的钱，“不要白不要”，引发了严重的道德风险。逃废债现象简直触目惊心。2000 年年末，在工、农、中、建、交五家银行开户的 62656 户改制企业中，逃废债务的企业达 51.29%，逃废贷款本息共计 1851 亿元，占改制企业贷款本息的 31.96%。而国开行更因特殊的“政策性”，其贷款被许多企业视同于财政资金，根本不打算归还。

1998 年，国开行组成多个行领导带队的催债队，奔赴重点、难点项目所在地催收贷款。国有大银行的行长、副行长带队讨债，还真新鲜。地方政府和企业对国开行如此“较真儿”十分不解，“你是国有银行，我是国有企业，不就是‘左口袋’和‘右口袋’的关系吗，不还钱又有什么关系？”行长们听闻苦笑不已，只得耐下性子同他们解释，坏账太多，银行也吃不消，甚至可能关门大吉。

但习惯了“发展靠财政，损失靠补贴”的人太多，把政策性银行资金视为第二财政的人也太多，仅凭苦口婆心地解释解决不了问题。陈元回忆起来很是无奈。“特别是在开始的时候，所有的项目单位包括政府部门都认为，政策性银行就应该给钱，用不着防范风险，又不是商业银行。”

来软的力度不够，那就软硬兼施。国开行采取强硬的“三挂钩”政策，即本息回收与项目推荐、项目评审、贷款发放“三挂钩”。简言之，你若有借无还，以后贷款之门就对你彻底关闭了。这种倒逼的方式极其灵验，但凡有还款能力的借款人，因忌惮丧失贷款资格，都想方设法把拖欠的本息如数奉上。

一面催收贷款，一面宣传诚信。此后，信用宣介就成了国开行拓展市场时的“第二业务”。

陈元等高管身先士卒，经常带队到各地做宣介，面向企业和省、市、县级政府的主要部门，包括计委、财政局以及公路、电力等行业主管部门宣讲社会建设，传播信用观念，同时让他们了解国开行。2002 年，陈元把信用宣介提升为全行的任务，他用毛泽东的一句名言作比，“毛主席讲长征是宣言书、宣传队、播种机。全行都要成为信用建设的宣传队和播种机。”

帮助借款人构建信用，防范风险于未然，有一个经典案例——三峡工程。工程建设初期，三峡公司只是一个类似基建指挥部的机构，虽然国家注入了资金，但因为自身没有业绩，不具备商业化融资条件，商业银行不敢介入。但国开行自诞生之日起就与三峡工程血脉相连，当年 60% 的资本金都投入到三峡工程上。那怎么从增强信用的角度来保障几百亿元资金的安全？

在长达十年的合作中，国开行慢慢找到了最佳路径。国开行先是向三峡公司提供了300亿元的信用贷款，然后把主要精力放在了推进其治理结构、法人、现金流和信用建设上，帮助三峡公司逐步建立起市场信用。结果，原来避之不及的商业银行态度180度大转弯，争先恐后地介入其中。三峡公司发展成为由国家控股和多元持股的、以水电开发为主的集团公司，并成功上市。

这个信用建设的硕果令国开行人自豪不已，国开行也成为银行界把信用建设视为己任、大张旗鼓推进的第一家银行。

第二节　延安会议：开发性金融理论成型

开发性金融理论萌芽

如果说信用建设是恶劣的信用环境逼出来的战术，那么到陈元提出“三种融资”理论，就渐渐体现出理论的自觉性，这也是开发性金融理论的最早萌芽。

“三种融资”理论一定程度上是想解决国开行是谁、定位和目标是什么、下一步怎么走等基本问题的。因为自成立以来，各种质疑之声就不断。尤其是当基础设施等高风险领域渐渐变成有利可图、风险可控，商业银行纷纷大举进入时，激烈的竞争不仅蚕食挤压了国开行的传统生存空间，还使国开行背上了“商业化”的骂名。甚至有人向有关部门打报告，抨击国开行利用政策优势和资金的低成本优势与商业银行进行恶性竞争，挤占商业银行的发展空间，“没必要继续存在”。

2001 年 2 月，在海口金融债券承销会上，陈元第一次从制度演进的角度提出财政、银行、资本市场“三种融资”理论。他指出，财政融资、信贷融资、证券融资是一个演变递进的过程，在我国将长期并存。

他回顾中国融资格局发展变化的历程时说：“改革开放前，我国经济发展主要靠财政融资，经过 20 多年的发展，逐渐形成了以信贷融资为主，即‘两头小、中间大’的格局，没有很好地发挥三种融资协调合力的高效率，金融制度和规则还相当薄弱。”

在陈元看来，国开行与商业银行的立行基础完全不同。“开发银行把国家信用证券化进行发债筹资，这与商业银行以存款为基础是不同的，它跨越了信贷和证券两种融资领域。”国开行通过对基础设施领域的大量投入，加速了产业、投资的集聚功能和市场化进程，引导商业银行和社会资本投向瓶颈领域，与商业银行绝非简单的竞争关系。

以此为基础，陈元提出，国家开发银行今后的发展目标是：发挥跨越信贷和证券两种融资领域的优势，把资本市场的原理引入信贷市场，为过渡到资本市场融资创造基础条件。

这套理论此后经过实践和验证，得以丰富和深入。在 2003 年 7 月海南博鳌季度工作会上，陈元又系统地阐述了开发性金融原理，提出“建设国际一流市场业绩”的目标，形成了开发性金融理论的基本框架。

陈元如此定位国开行："开发银行是政府的开发性金融机构，具有政府赋权的法定信用，把准国债性质的开发性金融债券和金融的资产管理结合起来，把融资优势和政府的组织优势结合起来，用建设市场的方法实现政府意志，以国家信用与市场业绩的完整统一为经营目标，建立投融资民主的治理结构；开发银行运用政府特许权和各种灵活的开发性金融产品，支持基础设施、基础产业、支柱产业、高新技术产业等政府优先发展及市场失灵的领域，推进投融资体制建设和金融市场建设，弥补体制缺损和市场失灵，促进经济和社会发展。"

2003 年下半年，经济过热的势头出现，中央开始加强宏观调控，特别是控制固定资产投资的过快增长。

与时俱进，陈元为国开行调整了发展方向：关注政府热点，进入瓶颈领域，急政府之所急，建设全面小康社会的基础，支持政府实现发展目标。针对目前我国规划水平较低，容易引发经济泡沫和重复建设的问题，要用规划先行的办法，从源头上防止乱上项目，促进地方发展纳入科学发展轨道，可以成片成面地开发优质项目，把握市场发展的主动权。

2003 年 12 月 26 日，陈元在国开行党校秋季班结业典礼上发表讲话，把这些思想归纳为 20 字——政府热点、雪中送炭、规划先行、信用建设、融资推动。这 20 个字揆情度理，凝练有力，成为开发性金融理论的重要组成部分，搭建了开发性金融的运行框架，明确了新形势下国开行业务发展的基本内容。

确立开发性金融理论框架

2004年5月，春色宜人的延安迎来一批金融界人士，既有主办方国开行各部门、分支机构的负责人，也有受邀的财政部、中国人民银行、银监会等主管部门代表，地方政府负责人代表，以及学术界人士。

这是国开行历史上具有里程碑意义的一次大会。会议系统地回答了开发性金融的内涵、使命、运作方式、独特优势、融资机制等一系列基本问题，正式确立了开发性金融理论的完整框架。

选择在革命圣地延安召开研讨会，不难看出陈元心中的红色情怀。这位出身革命世家的银行家这样解释："在延安开会，也是希望继承革命传统，给大家进一步鼓舞士气。从思想传统上来讲，我们是党的光荣传统继承者，是继承了革命先辈的思想体系和作风的。"

会上，陈元对国开行十年的改革发展进行了全面总结，阐明了开发性金融的重要性。他说，中国在向市场经济转轨的过程中，体制缺损与制度建设落后是主要问题，加速体制建设是唯一的选择，也是跨越发展的必然要求。体制建设的任务是长期、艰巨的，需要政府、金融机构、企业、个人的共同努力。开发性金融作为连接政府和市场之间的桥梁，将在相当长时期内发挥重要而独特的作用。这是历史和现实赋予的重要使命，也是开发性金融不同于商业金融的特征。

基于过去十年的实践，陈元对开发性金融基本原理进行了系统梳理，归纳出九个方面。第一，开发性金融是针对体制落后和市场失灵、维护国家经济金融安全、增强竞争力的一种金融形式。第二，开发性金融以建设市场的方法实现政府意图，是实现政府意志的重要手段，不同于商业金融。第三，国家及政府组织增信是开发性金融的一个重要理论基础、基本原理和制度安排。第四，开发性金融以信用建设为主线，促进市场业绩和核心竞争力的全面提升。第五，开发性金融以融资优势和政府组织协调优势相结合，推动经济发展和市场建设，这是开发银行的成功经验，也是我国与西方国家的根本区别。第六，开发性金融具有应对集中大额长期风险的独特制度优势。第七，开发性金融实行政府机构债券和金融资产管理方式相结合。第八，开发性金融实行“政府选择项目入口、开发性金融孵化、市场出口”的融资机制。第九，开发性金融实行融资民主、财务民主、管理民主和经营民主的治理结构。

他给开发性金融确立了业务边界，那就是“不直接进入已高度成熟的商业领域，而是从不成熟的市场做起。用融资和体制建设带动市场的发展”。另一方面，只要有市场缺损、制度缺损，而又有市场前景的投融资领域，能以整合资源盈利的，都是开发性金融的领域。政府关注的热点和难点问题，更是核心领域。

概括而言，开发性金融实际上就是沿着政府的发展思路，以融资为杠杆，推动政府协调，用于治理结构建设、法人建设、现金流建设和信用建设。在这个过程中，国家开发银行对项目法人进行孵化，使国家、国家开发银行、地方政府的信用转化为企业信用，促进市场建设、信用建设和制度建设，最终体现市场配置资源的基础性作用。

延安研讨会标志着中国特色的开发性金融理论基本成型，回应了各界对国开行的种种疑虑。多年以后，当陈元回忆起这段往事时，不免感慨：“（那时）我得到的反馈很消极。真正响应‘开发性金融’的，只有国家开发银行里给予我信任和支持的人。虽然他们可能还不太明白开发性金融理论，但他们认为这个概念对中国来说是有意义的。而至少一半以上的国开行工作人员，把其当作无法理解的新词汇，尽量避免加以评论，表现出一种不信任和躲避的态度，因为他们是从官僚政治和个人得失角度来看待这件事情的。”

第三节　规划先行：一百年不落后

遏制盲目重复建设

碧波潋滟，浓荫成蹊，天上人间，唯有苏杭。当人们徜徉在苏州金鸡湖畔，欣赏着怡人风光时，不知能否想象十多年前它荒草遍野、淤泥塞湖的景象？这番美景，正是源自国开行与苏州市政府的合力打造。

1994 年 5 月，苏州工业园区作为中国和新加坡两国政府最大的合作项目正式启动。但是，由于没有完整的投融资体制和成熟的融资平台，园区的基础设施建设周期长，风险大，没有商业银行愿意向其提供大额长期贷款。亚洲金融危机还使深受重创的新加坡对园区建设产生了退缩之意。

2000年，国开行开始介入园区的建设，首先投入4.9亿元用于治理金鸡湖，提升了园区的整体形象。然后使用了一种新的制度安排：由政府成立商业性借款机构，使其获得土地出让收益权，培育借款人的“内部现金流”；同时通过财政的补偿机制，将土地出让收益等财政性资金转化为借款人的“外部现金流”，使政府信用转化为还款现金流。这类处理方式在后来各商业银行与地方政府的合作中蔚为潮流。

截至2010年第一季度末，国开行分数期与园区签署贷款合同近400亿元，发放贷款281亿元，成为园区开发建设的主力银行。除了贷款，国开行还直接参与园区未来发展规划的编制。

这一举动获得了明显的示范效果，不仅吸引了其他商业银行竞相进入，还引来了大量投资。如今，苏州工业园区已从20年前沟壑交错的农田，发展成为国内竞争力最强的开发区之一，主要经济指标以年均40%的速度高速增长。

苏州工业园区只是国开行践行“规划先行”理念的成果之一。2005年，国开行还极富想象力地提出了辽宁沿海“三点一线”的构想，经过与辽宁省政府多次沟通协商，形成了辽宁沿海“五点一线”经济带的发展规划。2009年7月，辽宁沿海经济带正式上升为国家战略，成为辽宁开放的亮点和重要的经济增长点。

规划先行概念的提出始于2003年，当时地方政府换届，各地“大干快上”势头强劲。据统计，当年全国新开工项目总投资16921亿元，比2002年增长70.5%。一些地方政府大搞市政建设、形象工程，甚至出现“乡乡建园、镇镇办区”的情况，违规圈地、乱占耕地等现象突出。

发改委对这波盲目重复建设浪潮给予警示：“其中潜伏着很大的危险。如果不加以合理调控和引导，任其发展，必然会进一步加剧一般加工工业生产能力的过剩，资源消耗大、技术水平低、安全条件差、污染严重的矛盾也会更加突出。这不仅延缓中国结构调整和产业升级的步伐，而且也造成资金和资源配置上的重大浪费，甚至可能会演变为全局问题，影响经济发展的大局，造成经济的大起大落。”①

盲目投资、重复建设是中国经济多年来的顽疾，其中一个原因是经济过度依赖投资，地方政府要出政绩就有天然的投资冲动；另一个重要原因是普遍缺少规划，缺乏通盘考虑，使得各区域、各产业的规划重复、落后。

陈元曾犀利地指出：“现在各地搞的城市规划实际上是批地规划，为各地市长、区长、县长批地服务。没有高水平的概念规划做先导，盲目批地，容易导致将来推倒重来造成浪费，或者无法修改弥补，造成永久遗憾。”②

2003年10月，中共十六届三中全会第一次提出科学发展观，

① 王永志. 中国对盲目投资重复建设说“不”[M]. 中新社报道，2003-8-14.
② 摘自2003年11月26日陈元关于规划先行有关问题的讲话要点。
③ 同上。

要求以人为本，树立全面、协调、可持续发展的发展观，促进经济和人的全面发展。这一思想，正契合了陈元内心深处的大局观，他思考良久，凝练出一句办行方针——以规划为核心统领开发性金融，“要适当调整工作中心，从以项目为中心前移到以规划为中心，突出规划，从源头抓起，以规划促进项目开发”。③

从此，国开行积极参与国家和地方规划编制，成为规划领域唯一的金融机构。2003—2004 年，与国务院西部办联合组织召开“西部地区发展规划座谈会”，共同部署西部开发重大项目的规划；提供技术援助贷款，推动西部 12 省区的规划；参与全国“十一五”规划编制研究；推动西部大开发、东北振兴、京津冀区域规划等。

2006—2008 年，国开行不仅向 32 个省、自治区和直辖市政府提交了“十一五”融资发展规划建议报告，还完成了 1030 项区域、社会、产业、市场规划，研制了长三角、京津冀和环北部湾等区域规划，长江保护与发展规划，以及全球主要能源、矿产、农业资源规划。同时，国开行相继与清华大学、北京大学、华东师范大学等高校签订合作协议，建设产学研合作平台，初步建立起总行共享、统一调配的专家库。

规划先行成核心竞争力

陈元把规划先行视为开行提升核心竞争力的重要手段，通过规划批量开发项目。他有一番话让开行人茅塞顿开：“开行要想以几千人与商业银行几十万人竞争，没有别的手段，只能靠脑力竞争，使规划更有远见、更符合实际，依靠规划先行来把握发展主动权。通过规划先行向上游延伸，在有限的项目中占有更多的市场份额。”

规划先行还成为国开行“超前控制”资产质量的利器。陈元在全行视频会议上表示：“我们要改变过去以项目带动风险防范能力建设的观点，努力通过规划先行做到对未来资产质量的超前控制。通过规划先行，由过去完善单个项目的贷款条件，变为成系统地构造符合贷款条件的项目，达到事半功倍的效果。”

2006 年 10 月，党的十六届六中全会做出《关于构建社会主义和谐社会若干重大问题的决定》，提出构建社会主义和谐社会的指导思想。受此启发，国开行将规划先行的概念扩展到科学发展规划体系，将教育、医疗卫生、住房等纳入到规划中。

这一规划体系的设计目标是，建设一个上接国家基础设施、地方大型项目，下接千家万户、中小企业、县域经济、“新农村”的完整融资体系，通过这个体系把国开行的资金输送到经济的每一个“毛细血管”里。为此，国开行成立了规划中心，专职负责全行规划工作的组织和推动。

经过一段时间的摸索，国开行的规划先行不再局限于区域发展、城镇建设、产业发展等物质层面的规划，还上升到了市场发展、融资等制度层面的规划，相互衔接，形成了完整的规划体系。

这个体系大致有四个层面的内容。一是区域规划。这是核心，即围绕国民经济协调发展的薄弱环节，以人口分析为基础，从人口规划预测基础设施前景及融资需求。二是社会规划。即以人口数量和人的全面发展为中心，围绕存在融资缺损以及财政资金覆盖不足的社会事业制订规划，统筹住房、教育、医疗、就业、文化等瓶颈领域。三是产业规划。这是区域和社会规划的延伸，即针对区域发展目标，研究产业的空间布局。它旨在促进产业安全和提高产业自主创新能力，力求覆盖能源、材料、化工、装备制造业等重要战略产业，以及中小企业、科技创新等领域。四是市场规划。市场规划以融资和市场退出规划为重点，通过规划确定各发展阶段的融资需求，推动社会信用体系建设和融资多元化，引导社会资金的投向，开拓各类项目的资本市场出口。

值得一提的是，在复杂多样的规划方法中，陈元采用了“从人口入手”的办法。

他认为，应把人口分析预测作为规划的切入点，以人口增长空间布局、资源环境承载力和消费水平为基础，按照我国未来15亿人口、2万~3万美元的人均收入水平、90%的城市化率，来规划水、电、气、铁路、地铁等基础设施建设，以及教育、文化、医疗、住房等社会领域发展，对土地、水、人口、环保、生态资源等进行百年规划。[①]后来的实践证明，这个观点极具前瞻性。

2009—2010年，国开行先后成立规划局、规划院、科学发展规划委员会，各分行设立规划分院，负责开展全国及区域发展战略研究，以及分行所辖区域的规划编制。

国开行俨然成为各级政府最得力的智囊和合作伙伴。比如：

---

① 摘自2009年2月陈元与中国社科院邓英淘会谈材料。

其帮助江苏沿海、辽宁沿海、吉林图们江和黄河三角洲等地方规划上升为国家战略；推进长株潭城市群、关中—天水经济区、海峡西岸经济区等九项国家重点区域规划；推动汽车、钢铁、装备制造等13项重点产业规划和中国五矿、中国电信等一批重点战略客户规划。

国开行的规划业务甚至延伸到国际范围，打破了欧美国家对国际咨询领域的长期垄断。如，对委内瑞拉、老挝、津巴布韦及刚果（金）开展规划咨询，帮助巴西等四国制订农业资源开发规划等。

规划先行的提出，在中国银行业中当属独树一帜，也成为国开行的一项核心竞争力，使其在某些业务领域领先同行一大步。不少银行同业和政府人士对国开行的大局观和前瞻性甚为叹服，效仿者亦不乏其人。

第四节　何谓开发性业务

21世纪初期，在银行业竞争炽热又迷惘的年头，开发性金融理论如一把火炬照亮了国开行前行的道路。

除了继续在电力、交通、城建等公共基础设施领域发力，开发性金融逐渐把触角伸向了新农村建设、中小企业、低收入住房等经济社会发展的薄弱环节，并探索以贷款换资源、换能源、换市场的国际业务，运作了一批具有国际影响力的重大项目。

在天津蓟县，国开行从规划先行和信用建设入手，通过支持组建农民种养专业合作社和农民互助联保小组，把原来分散的个体信用整合成信用联合体，农户只需加入一个专业合作社或信用联保小组，即可获得国开行小额信贷。

在浙江，国开行推动担保机构“抱团增信”，重点扶持成长型小企业。该模式整合了分散的担保机构的信用能力，既缓解了中小企业融资困难，又促进了中小企业信用担保机构的规范和担保能力的提升。截至2008年末，累计向浙江332家成长型小企业发放贷款5.24亿元人民币，户均贷款158万元人民币。

在国际合作方面，国开行更是亮出了令人惊叹的大手笔。如2010年，向俄罗斯石油公司和管道公司贷款250亿美元，用于建设中俄原油运输管道，并开展长期原油贸易合作。这笔巨额交易改变了我国进口原油来源集中、运输渠道单一的局面，对维护国家能源安全具有重要的战略意义。

再如，国开行把能源矿产合作与民生领域合作结合起来，加大对亚非拉国家农业、低收入住房、教育、医疗卫生等民生领域的支持，为国家外交战略的实施创造了更好的外部环境。这些举动得到了国家领导人的高度评价，也为一些发展中国家提供了可资借鉴的经验。

开发性金融理论指引了国开行的实践，实践反过来又印证、充实和深化了开发性金融理论。在国开行一步步的践行中，陈元也不断在理论上进行总结归纳，再度扩充和丰富了开发性金融理论的内涵，赋予了“开发性业务”新的内涵，即开发性业务是符合经济社会发展需要，但没人做、不愿做的业务，表现为发展中的瓶颈领域、薄弱环节，以及国家战略性、政策导向性的业务。

开发性业务包括推动中西部落后地区发展、培育弱势产业和战略性新兴产业、扶持弱势群体、完善公共基础设施，以及一些关系国家能源矿产资源、高端技术、产能输出的重大“走出去”金融业务等。这些业务需要长期、大额、集中的资金支持，具有共同的特征：前期开发投入大，成本高，建设和整合力度大，收益前低后高，风险难控制，财政力所不能及，商业性金融不做，资本市场也无法覆盖等。

陈元认为，开发性业务在我国将长期存在，需要开发性金融机构发挥中长期投融资优势，把制约经济社会发展的瓶颈领域逐步变成商业可持续的成熟领域。与财政融资和商业性金融相比，开发性金融具有独特的优势：通过长期、大额、稳定的资金支持瓶颈领域的发展，同时以开发性方法弥补信用和市场的空白缺损，构建健康的市场主体，增强经济发展的内生动力。

因而，国开行不仅要成为“两基一支”业务中的主力军，也要成为基层金融业务、国际合作业务方面的先行者。

基层金融业务主要面向经济社会发展的薄弱环节，包括前面提及的“三农”及中小企业业务，也包括中低收入住房、教育、医疗卫生等民生领域的业务。国开行的基本思路是运用开发性金融原理，探索以批发的方法解决千家万户的融资难题，致力于提供普惠的金融服务。

在国际合作方面的思路，尤其能体现陈元的爱国情怀。他一再向全行表示，国开行开展“走出去”业务，首先考虑的不是机构自身的发展，而是国家战略利益。

这包括三个层面的需求。一是保障国家能源资源安全的需要。我国人均资源匮乏，能源资源的对外依存度很高，保障供应关系着国家的经济安全和可持续发展。二是经济结构调整、产业升级的需要。通过“走出去”业务促进实现产能、技术和劳动力的转移，为经济结构调整腾出空间。三是推进经济外交，实现国家核心利益的需要。通过国开行等金融机构的融资安排，支持合作国的重点项目建设，为我国和平发展创造良好的外部环境。

在全球金融后危机时代，“走出去”是一步利己又利人的妙棋。陈元敏锐地看到，危机使资源型国家遭受重创，石油、矿产等大宗商品价格下跌，其财政收入难以为继。欧美大银行受危机影响融资功能下降，这正是我国以贷款换能源资源的好时机，也是我国承担大国责任的机遇。

对中资银行而言，“走出去”既可以支持中国企业开拓海外业务，也可以提升自身的竞争力，提升中国金融的话语权。

言出必行，国开行先后运作了中俄石油、中巴石油、中委基金、中土天然气合作等一批重大项目。这些项目的总额达600亿美元，使我国每年可获得7500万吨原油保障，及400亿立方米天然气供应，分别相当于2009年进口总量的39%和45%。

“走出去”业务已成为国开行工作的一大亮点，有些成果甚至超出其想象。如，国开行超过中行成为国内最大的外汇贷款银行，一些重大的国际项目会主动找国开行。而陈元等高管则跻身为中央领导高访团的成员，时常随国家领导人外出访问。

“走出去”业务得到了国家领导人的青睐和肯定。如时任国家副主席的习近平曾多次对国开行“走出去”业务给予很高的评价，[①]在2009年底出访亚洲四国时称赞国开行坚持“金融为企业开路”很有成绩，要认真地总结，还要加大力度支持企业“走出去”。合作国领导人也非常重视国开行的工作，巴西前总统卢拉、委内瑞拉前总统查韦斯访华时都曾到国开行进行访问并表示了感谢。

① 《开发性金融合作：发展中国家共同发展之道》，《中国经济》编辑部，2010年1月.

第九章　芜湖模式：政府与市场的桥梁

提要　以1998年为元年，国开行大举进入城市基础设施建设领域，以令人瞠目的速度将触角深入到每个省、市，甚至县，开创了银行资金支持城建的先河。国开行在芜湖的完美一役，是陈元的得意之笔，是国开行其他业务得以蓬勃壮大的根基，亦是连接政府与市场之间有标志性意义的一步棋。

“如果说我在国开行做了一些事情，做了一点努力，说到底就是城市建设这一点，其他都是由此派生和发展出来的。”陈元回忆起来如此感慨。

第一节　银政合作发轫之始

陈元的城建投资“算盘”

2002年底，中共十六大提出了大力推进城镇化等战略任务。陈元敏锐地意识到，城镇化、工业化、信息化将为经济增长提供强劲动力，基础设施建设将进一步加快，中国将由此进入新一轮增长周期。他决定把国开行的战略重心放在城市基础设施建设领域。

15年过去，陈元回忆起这段过往，仍流露出无法掩饰的激情：“如果说我在国开行做了一些事情，做了一点努力，说到底就是在城市建设这一点，其他都是由此派生和发展出来的。”

陈元对城市建设的灵感，源于他1982—1983年任北京市西城区委副书记时的一段经历。这段时期，陈元虽然主要分管党务，但对经济建设抱有强烈的兴趣，把主要精力都放在编制西城区经济发展战略上，一边实地调研，一边思考城市应该如何改造、怎么解决融资等问题。

这两年间，他最主要的政绩就是大胆主持改建了著名的西单商业街，把西单打造成为商贸企业聚集的黄金地带。当时国内融资渠道匮乏，筹资无门的陈元只得转向吸引外资。华威大厦即是20世纪80年代全国第一个引进外资建设的现代化商贸大楼，成为当时一座格外醒目的地标。

陈元的这一做法在当时引起了热议，很多人认为非常超前，在一些老同志看来则有点好高骛远。但初试牛刀的陈元已经胸有成竹，他认为，这只是时间不到，时间到了城市建设肯定会轰轰烈烈地发展起来。2000 年之后，北京市日新月异的变化印证了陈元的判断。

自走马上任国开行行长的第一天起，陈元就在思考一个问题——如何能把国开行办成世界一流的银行。尽管这一目标看似遥不可及，但他确信，以往“计委挖坑，国开行种树”的模式不能再延续下去，要摘掉“计委的出纳”这顶帽子，必须把选择项目的主动权牢牢握在自己手里。国开行要想做大做强，业务范围和发展方向就不能仅限于煤电油运、技术改造等，还要有自己主力支持的领域。

他为国开行锁定的新领域就是城市基础设施建设。十多年后，国开行在城建领域的发展史证明，陈元的这一选择是具有前瞻性的。

1998 年，城市化发展进入了亟待突破的瓶颈期。随着经济发展、城市扩容、产业振兴，囊括水、电、城市道路、城市开发区建设等在内的土地三通一平、五通一平、七通一平等要求日益强烈，地方政府加大基础设施建设的压力逐年增大。

而彼时，适逢亚洲金融风暴迅猛来袭，中国经济由过热急转直下，演变为严重的通货紧缩。从危机泥淖中走出的中国复苏乏力，亟须拉动内需以振兴低迷的经济，自然对地方财政造成了更大的压力。

陈元意识到，城市建设必将成为推动中国新一轮增长的强劲引擎，国开行可以先行一步，开辟一个广袤的市场空间。

刚刚接掌帅印的陈元，立即着手筹划信贷资金支持城市建设的蓝图。不同于当年那个苦于筹资的城市规划者，如今他的身份已变，大笔的资金就在手里，考虑的重点是怎样保证资金的高效、安全和收益。

城建项目普遍具有超前性、社会性和公益性，投入量大，建设周期长，沉淀成本高，商业银行当时都不愿涉足。因此，很长一段时间主要靠财政支出。但 1993 年“分税制”改革实施后，地方与中央财政收入三七开，30% 的地方财政收入仅够“吃饭”，想用财政来搞建设成了一种奢望。

编制城市规划的经历，使陈元很清楚，城市建设的单个项目边界是不明确的，一条道路的建设与道路两边的土地开发相互关联，一条河道的整治也与周围环境难以分割。城建项目具有巨大的外溢效应，比如，财政在授权路局修建道路时，也授予其道路两边土地的经营权。

原先，政府仅凭一己之力建设城市基础设施，需要经过财政预算，资金投入只能一年一次。而国开行通过中长期投融资模式提供信贷支持，可以一次性投入 5 年、10 年的大额资金，财政还款则以年为周期分期偿还。资金第一年即到位，便可实现筑路、通水与环境的改善，从而聚集商贸企业，实现土地增值。政府通过出让一部分土地，获取土地增值的收益，用于偿还贷款。

从筹资到还款，整条路都打通了，地方政府自是求之不得。国开行也借机推出一套看起来万无一失的贷款回收机制，即要求政府在财政预算内和预算外安排偿还资金，实行财政全面兜底，保障贷款的回收。

开山之作：芜湖模式

以亚洲金融危机为分水岭，大量呆坏账浮出水面，银行与政府的关系从一个极端行至另一个极端——从银政一家，银行奉命贷款，到银政对立，银行心存畏惧，大力收缩国企贷款。

对于银行界弥漫的这股恐慌氛围，陈元不以为然。他仍然相信，如果将银行的融资优势与政府的组织协调优势相结合，以银政合作的方式推进城建，一定能释放出超乎寻常的能量。

这一想法最先引起安徽省政府的共鸣与回应。

1998 年 8 月 10 日，陈元与时任安徽省省长回良玉分别代表国开行与安徽省人民政府签署了 5 年期《投融资服务合作协议》。根据协议，国家开发银行将担任安徽省投资顾问，为安徽省的企业提供全面的金融服务，包括产业结构的调整，企业改制、重组、股票上市、债券发行、项目融资、银团贷款等。

银行与行政省份签订金融合作协议，在国内尚属首次，这也成为银政合作的滥觞。

与此相呼应的一个背景是：同年推进的政府机构改革，一改以往政府直接对项目分配资金、确定规模的传统做法，转向促进企业建立信誉、帮助企业在资本市场上融资、扶持企业实现自我发展。

金融合作协议最先在芜湖市落地。这也应验了一句话，机遇总是垂青有准备的人。

负责此项目的国开行交通环保评审局局长史善新回忆道："芜湖市政府思想很开放，特别敢于创新，市委书记、市长、财政局局长、计委主任等迅速形成统一战线，全力配合国开行的要求，很快拿出了近五年的财政收支表，以及当前开展的项目和未来的项目规划。所以我们的同志去了以后，24 小时通宵达旦地工作，谈完以后报告很快就出来了，合作也顺利达成了。"

自古即被称为"长江巨埠、皖之中坚"的芜湖，于 1995 年获得安徽省委、省政府赐予的"金字令牌"——将芜湖市作为皖江开发、开放的突破口和全省改革、开放的试验区，支持芜湖市进行全方位的超前试验。"凡法律、法规没有明确规定不允许办的，允许大胆探索和实验，任何部门不得干预。"[①]

1998 年，芜湖市正处于新一轮经济社会发展起飞期，为了盘活政府存量资产，提高政府性资金使用效益，市政府于 1998 年 2 月成立了芜湖市建设投资公司（简称芜湖建投），并为其划转优质资产 10.5 亿元，使芜湖建投具备了一定的承贷能力。

1998 年 8 月 15 日，安徽省计委向国开行推荐了芜湖市 8 个城市基础设施项目，包括道路桥梁改建工程、供水管网改建工程、

① 《关于进一步推进皖江开发开放若干问题的意见》（皖发〔1995〕11 号）。

污水处理厂等，申请贷款14亿元。但是，这些项目建设单位分散，种类繁多，既不便于项目建设的监管，也不利于银行贷款管理。这个老问题怎么解决？

国开行和芜湖市政府决定打破常规，尝试一种新的合作方式——打捆贷款，即将这些单个城建项目打捆，由市政府指定的融资平台——芜湖建投作为统借统还的借款法人，由市财政建立"偿债准备金"作为还款保证，芜湖市财政全面兜底。"芜湖模式"由此诞生。

如今陈元回顾起来依然感慨："当时打捆贷款对于国开行人，对于地方政府的领导来说，都是一个巨大的思想解放。因为一打捆，好多项目可以捆着做了，劣质项目跟优质项目一抵消，变成了优质项目。"

在这个项目里，国开行与芜湖建投签订借款合同，6个城建项目提供定额打捆贷款10.8亿元，贷款期限为10年（含宽限期3年）。这批贷款于2000年12月发放完毕，2002年开始还款，资产质量为正常6级。

第一轮合作初告大捷，两年后，芜湖市政府与国开行安徽省分行又签署了125亿元的第二轮《金融合作协议》。协议签署后的第四个月，芜湖建投向国开行申请了10.95亿元的新城区道路扩建工程项目贷款，贷款期限为10年，宽限期为3年。

这次的贷款信用结构又有了变化，采用了"土地+金融"的运作模式，即政府授权借款人以土地出让收益质押作为主要还款保证，并经市人大批准，当借款人不能及时偿还贷款本息时，由芜湖市财政补贴偿还。这一模式，后来同样风靡全国。

借力于“芜湖模式”，芜湖市短期内投入大量资金，撬动起城市建设的杠杆。十余年后的2014年，芜湖市GDP已达到2307.9亿元，是1998年的181亿元的12倍多，全年GDP增幅分别高于全国、全省3.3个和1.5个百分点。城市建成区面积由1998年的38平方千米增加到近160平方千米，成为拥有“四纵十横”交通网络的枢纽城市，同时也逐渐发展成安徽省的政治、经济、文化次中心。

更可贵的是，国开行提供的城建贷款，不仅没有给芜湖市财政带来“寅吃卯粮”的负担，反而帮助其增强了财政实力。2014年，芜湖市实现财政收入426亿元，是1998年18亿元的近23.7倍；芜湖建投也从成立初期总资产为3.19亿元、单一从事政府指定事权的办事机构，发展成为一家总资产超731.38亿元（2013年底）、拥有奇瑞汽车及徽商银行等几十家企业股权的结构多元化企业。

事隔十余年，财政部财政科学研究所原所长贾康提及此事做了以下评价。现在回头看国开行的打包方式，有很多可取之处。一是打包方式在增信的同时也培育了市场，参差不齐的项目单个看无法满足融资条件，但打包之后，总风险平均化，问题迎刃而解；二是打包促使政府对所有建设项目进行统一合理规划，地方政府得到信贷支持的同时，确实有强大的推动力使规划水平上一个大台阶；三是融资平台提供了战略发展重点所需要的融资条件，推进了地方经济超常规发展。

第二节 城建版图扩张

全国攻城略地

芜湖模式很快蜚声全国。这一创新的银政合作模式，让不少资金短缺、一筹莫展的城市规划者和建设者豁然开朗。

有了芜湖的成功案例，国开行的营销难度大大降低了，许多城市几乎不用怎么游说，就在周边城市的带动下，投入到与国开行的城建项目合作中。一些比较胆大、敢干的书记、市长甚至直接找上门来，寻求与国开行合作。这也不难理解，在 GDP 主导的考核机制下，几乎很少有地方政府能抑制城市建设的冲动。

国开行与各地推进城建项目合作的速度，往往取决于两个因素：一是当地的党委书记、省（市）长是否大胆开放；二是国开行当地分行的行长是否积极主动。“我们那会儿开会，天天提要求，分行行长根本坐不住，当不了太平官，否则就会被调整。所以分行行长都非常积极主动，既有思想转变的原因，也有组织调整的原因。”陈元说。就这样，国开行内部的活力和潜力被激发出来。

芜湖的星火一经点燃，迅即形成燎原之势，在全国掀起了轰轰烈烈的城市化建设热潮。从最初的一条路、一条河、一片绿化带的整修，演变为连片的开发、整个城市的改造，城市建设的规模越来越大，速度也越来越快，很多城市自此开始日新月异的华丽转身。

国开行孤军深入打通了城市建设这条线，便飞快地在全国各地复制。其他商业银行看不清其中的门道，只能作为旁观者，目瞪口呆地看着国开行上演“攻城略地”的大戏。中央政府、财政部、发改委看在眼里，也深感惊异。

时任国务院总理朱镕基特地找来陈元问：“听说你一下子给一个城市几百亿元？”陈元澄清：“没到几百亿元，只是几十亿元给城市搞街道整治，而且成片的改造分解下来也都是小额的项目，国开行对每一个建设项目都是严格核算的。”[①] 其实，当时陈元已经对城建贷款非常有信心，但这个模式毕竟没有完全成熟，因此话里刻意藏了几分。

到 2000 年，国开行的城建版图延伸到全国范围内的直辖市、省会城市及部分综合经济实力较强的地级市。此后二三年间，覆盖到全国所有省（直辖市、自治区）、地级市、州、区以及东部沿海地区经济发达的县级市。2003 年后，又进一步辐射到县一级政府和建制镇。

这一系列大手笔，以空前的力度推动了各地的城市基础设施建设，以及与之相关的房地产、旅游等行业的发展，改善了当地的生活环境和投资环境，提高了城市的竞争力。

在“芜湖模式”走向全国的过程中，国开行与天津的合作值得一提。天津是北方重要的工业城市和环渤海地区的中心城市。

① 本句来自作者 2011 年 6 月 17 日对陈元的访谈。

长期以来，天津的基础设施建设资金主要来源是财政投入和企业投资，越来越难满足天津发展的需要。

2003年初，时任天津市长戴相龙抛出橄榄枝，天津正在经营城市，搞好城市建设，希望国开行能与天津在城市建设方面开展合作。陈元获悉后，立刻让相关部门开展专题调研。

陈元与戴相龙曾在中国人民银行共事5年。当时戴相龙任中国人民银行行长、党组书记，陈元任副行长、党组副书记。1998年4月3日，陈元到国开行正式上任的第一天，就是戴相龙以中国人民银行行长的身份亲自送他赴任的。戴相龙到天津工作后，认为国开行这套融资模式与天津的发展需求十分契合，双方一拍即合。

2003年6月，“非典”疫情稍有缓解，陈元就赶到天津，与戴相龙一同签署了当时最大的一份贷款合同——《天津市土地开发及配套城建项目贷款合同》，总金额高达500亿元，贷款期限15年。

这笔合同以天津市中心城区所有土地15年的出让受益权为质押和还款资金来源，创造了城市建设的一种新投融资模式——“城投模式”。

资金陆续投入后，仅用三年，天津市人均公共绿地面积增长了70.5%，垃圾无害化处理率从55%提高到81%，全市GDP增长1613亿元，增幅达78.6%。这成为开发性金融“政府入口—开发性金融孵化—市场出口”运营模式的典型案例，完美展现了陈元提出的20字方针：“政府热点、雪中送炭、规划先行、信用建设、融资推动”。

天津凭借与国开行的合作赢得了发展先机，老工业基地辽宁也不甘落后。改革开放的大潮、经济体制的转轨，一度使偏重于重工业发展的“共和国长子”辽宁辉煌不再。

2005 年，时任辽宁省委书记的李克强和陈元商议之后，创造性地提出了长兴岛、花园口、营口、锦州、丹东“五点一线”的区域发展战略构想，使拥有 2900 多千米海岸线的辽宁转身向海，找到了振兴老工业基地的新路径。

2006 年，李克强与陈元就辽宁沿海经济带“五点一线”发展召开专题座谈会，决定启动 80 亿元贷款，拉开了长兴岛大开发的序幕。一年后，辽宁省政府正式向国务院申请，将长兴岛临港工业区升级为国家级经济技术开发区。国开行则运用规划先行的方法，与长兴岛管委会共同谋划其城市化进程的关键点，规划出“五步走”的发展战略，前后向长兴岛临港工业区投放贷款 128 亿元。

两年后，国开行以 14.7 亿元软贷款参股成立长兴岛开发建设投资有限公司。2010 年，长兴岛临港工业区升级为国家级经济技术开发区，被纳入国家战略。

国开行的国家背景，使其投资带有政策风向标之意。这种信号引导周边的民间投资、外资和其他金融机构投入到长兴岛的建设中，使最终投资成倍增加。长兴岛由此高歌猛进，开始了飞跃式的发展。

经过四年的开发，长兴岛形成了造船、装备制造、精品钢材、石油化工和港口物流五大产业集群的优化布局，成为东北老工业基地振兴的重要载体和辽宁省新的经济增长点。

经过开发性金融的“孵化”，城市基础建设领域已经从最初的备受冷落，逐渐受到热捧甚至竞争激烈。银政合作、“打捆贷款”、融资平台的模式被各家商业银行争相效仿。

随着城市建设的深入，由杭州市最先提出的“经营城市”的理念不胫而走，在全国掀起一股经营城市的风潮。地方政府官员也如同企业家一般，将城市建设视同企业的运作，仔细盘算着城市整体运作当中的收益与成本。在城市规划方面，不惜重金聘请国际、国内城市规划、建筑设计专家组成智囊团出谋划策。而这股风行全国的城市规划与建设热潮，也给国开行带来了广阔的发展空间和丰厚的回报。

第三节　城建融资模式变迁

伴随着快速推进的城市化进程，国开行融资支持城建领域的重点也几经变迁。10 年中，国开行几乎与所有的省都签订了 2~3 轮开发性金融合作协议，和市、区、县也都签订了 1~3 轮合作协议。地方政府从最初填补基本的基础设施空白，逐步过渡到提升城市环境，再到城市的形象和品牌建设。

国开行与地方政府的一轮轮合作，清晰地展现了中国城市化建设的路径变迁。最初，政府关注的是供水、供气、供热、污水处理、道路桥梁建设这些最基础的城市设施改造。随着基础设施的逐步齐备，城建重心逐步转向土地开发、容积率提升、园区建设等城市产业实心化的方向。当经济发展到一定程度，城建重心逐步转向城市一体化、城乡一体化，诸如武汉一小时城市圈、长株潭一体化等。同时，古城保护、生态、环保、城市综合治理等提升城市品质的举措，逐步被提上议程。当城市环境改善之后，城市建设的重心便更多地转向城市品牌的塑造，比如北京提出的建设“文化北京”。

然而，在全国城市建设如火如荼、大干快上之际，另一种风险又逐渐暴露出来。

银政合作模式被商业银行大量复制。打开各大商业银行网站，与地方政府签署数百亿元乃至超千亿元“银政合作协议”的例子比比皆是。以建设银行为例：2006 年 1 月 23 日，建行为河北省提供授信 1200 亿元；3 月 23 日，为辽宁省提供授信 1000 亿元；4 月 3 日，为厦门市提供授信 500 亿元……其他银行也多有大举投入。

特别夸张的一个案例：某省会城市借举办全国性赛事之机，欲彻底改善城市面貌，由打捆贷款形成的债务相当于该市本级财政年收入的 15 倍左右，典型的寅吃卯粮。①

城建打捆贷款背后暗藏的风险在于，由于贷款期限一般在十年以上，而一届政府的任期不过五年，还本付息压力根本不在本

① 孙铭．叫停“打捆贷款”五部委调控重拳［N］．21 世纪经济报道，2006-05-12（001）．

届政府任期内承担。在没有法定的政府负债额度约束下，这种偿还责任对地方政府来说就是标准的“软约束”，可能导致地方政府债务风险的无限膨胀。而地方政府出具的还款承诺仅具有安慰函的性质，并非法律依据，也让银行的信贷资产暴露在风险之下。

地方政府债务风险膨胀引起财政部等部门的担忧。为了遏制固定资产投资增长过快和信贷投放过快，也为了遏制部分地方政府盲目举债，2006 年 4 月，发改委、财政部、建设部、中国人民银行和银监会五部委联合下发文件，要求对各类打捆贷款进行整顿和规范。

此前，国开行一直在对城建融资模式进行规范和调整，将原政府行为逐步转变为企业自身行为，减轻政府负债，力争走出一条“政府入口—开发性金融孵化—市场出口”的城市建设之路。以此为契机，国开行对融资平台项目进行了全面梳理，从项目评审、信贷管理、外部监督等方面对融资平台贷款进行规范。

同时，国开行借鉴国外基础设施项目融资的成熟做法，使用委托代建协议项下应收账款质押的方式，通过账户监管等措施完善信用结构。这种融资模式使政府和借款人（政府融资平台）的行为在合同框架下运作，更加市场化。

以委托代建支持苏州火车站综合改造就是一个典型案例。2006 年 7 月，国开行就苏州火车站综合改造向借款人——苏州城市建设投资发展公司（简称苏州建投）承诺贷款 46 亿元。由于这个项目本身没有收益，还款就由苏州市财政与苏州建投签订回购协议，将预算内、预算外财政性资金以回购款的方式支付给苏州建投，资金覆盖国开行贷款的本息。

这样，政府就由资源的直接配置者，变为主要通过经济和法律手段发挥作用的间接调解者。委托代建模式使得政府和平台主体的行为在合同框架下运作，使政府与投资方公平共享收益、分担风险。

截至 2011 年末，国开行以融资平台为载体的城建贷款余额共计 10280 亿元，占全部贷款余额的 28%，约占全国的 25%。城建贷款余额的增长与城市化率正相关系数达 0.949，极大地加快了我国城市化的进程。

在城建领域的建树，成为国开行其他业务蓬勃壮大的基础，成为孕育开发性金融理论的土壤。除了开发性金融理论，国开行还从实践中提炼出了中国现阶段发展的普遍规律——城市化创造需求，工业化创造供给，城市化可以带动工业化，进而带动整个经济社会的发展。

第十章　民生项目内有乾坤

提要　人的天性是趋利避害、厌恶风险，干金融的更是如此。三农、中小企业、低收入家庭住房等民生领域，是典型的高风险、低收益却有极高社会价值的洼地，几乎没人愿意碰。在逐利天性和社会道义之间，陈元的天平倾向了后者。他借力政府的资源和能力，创设新的融资机制，硬是把公益项目做成了商业可持续的项目。

第一节　棚户区改造：修复城市的伤疤[①]

棉被下的大白菜冻成了冰疙瘩

2004年12月26日，上任辽宁省委书记仅12天的李克强，

① 资料见于http：//www.xinhuanet.com/politics/2015-10/11/c_128306112.htm。

冒着零下 29 摄氏度的严寒，来到了莫地沟——一个连汽车都开不进的社区。挤挤轧轧的一片老棚户，原是单砖和泥砌筑的简易房，如今窗框满目疮痍，墙皮片片剥落，露出了满是裂缝的墙体，上面是厚厚的白霜，屋里和冰窟相差无几。居民从破棉被底下拿出一棵大白菜，整个冻成了冰疙瘩。

李克强震惊了，他问身边的工作人员："这一地区像这样的困难户有多少？"东洲区民政局局长答道："有 1000 多户。""这么多？一片就这么多？"李克强眉头紧锁咬着牙根说了一句："以人为本不是一句空话，就是砸锅卖铁，也要让百姓搬出棚户区！"

棚户区是刻在城市里的一道伤疤，是几十年来困扰辽宁省政府的一块心病。随着煤炭等资源枯竭，大量煤矿、工厂关停破产，辽宁省经济结构转型步履蹒跚。大片的采矿沉陷区里，留下了由矿工房衍生出的一片片棚户区，以及年久失修的劳工房、土石房和防震房，几乎全成了危房。多数棚户区连公共排水、供热、供气等基础设施都没有，吃水、如厕、走路都成问题。以 100 多万人口的抚顺市为例，竟有 30 多万职工下岗失业，根本无力改变居住条件。

辽宁历届党政干部也想解决棚户区问题，无奈心有余而力不足，问题越拖越严重。归结起来，原因大致有三个：一是棚户区居民主要是经营现状不佳的国企职工，企业根本无力顾及；二是棚户区大多分布在资源枯竭型城市，市级财政收入少，没钱改造；三是未改造的棚户区大多位于城市边缘地带，抚顺、本溪、阜新等资源枯竭型城市的棚户区大多位于采煤深陷区，按照房地产开发项目来衡量，商业价值几乎为零，商业银行当然不愿介入。

到2004年底，辽宁共有城市集中连片棚户区848万平方米，改造资金缺口达187亿元。

去哪儿找钱启动这无利可图的项目？李克强想到了国开行。他找陈元商量：在三五年内，政府每年拿出三四亿，此外国开行再给一些支持，完成棚户区的改造，行不行？

陈元自然清楚，棚户区改造目前完全不具备商业价值，但它是一项德政工程，有巨大的社会效益。在可以预见的将来，随着当地基础设施的改善，应该可以引导商业资金参与进来，通过土地开发、技术转移、企业与产业重组等变革，推进资源型城市的转型。那样，政府财力增长了，也就有条件归还贷款了。何况，除了国开行，还有哪家银行更有能力、有意愿来解决这个难题呢？

对于陈元来说，此事亦完全符合他的价值观和他对国开行的定位，即以金融能量经世济民，在民生疾苦面前铁肩担道义。在陈元的心目中，国计民生是金融业立足之本，二者缺一不可。他曾在内部讲话中说："金融业应当主动承担起富国惠民的社会责任，帮助解决政府、社会、企业的热点难点问题，做到雪中送炭，不能就金融论金融。金融只有在促进经济社会的发展中，才能实现自身的长足发展。"

和国开行党委成员商讨之后，陈元回复李克强，这件事意义非常重大，要将棚户区改造作为支持辽宁老工业基地改造的头号项目来抓，全力提供融资支持。"地方财政一年拿五个亿，10年就是50个亿。国开行贷款40个亿，这个项目从今年就可以启动，两三年时间就可以搞起来。”

得到答复，李克强十分欣喜，很快与省委省政府进行了研究部署。2004 年 12 月 30 日，辽宁省委九届八次全会与全省经济工作会议正式提出：从 2005 年开始，用两年到三年时间，基本完成全省城市集中连片棚户区改造任务，并将棚户区改造定为辽宁省“一号民心工程”。

2005 年 1 月 24 日，作为唯一的贷款机构，国开行与辽宁省政府签订了《加快辽宁老工业基地振兴开发性金融软贷款合作协议》，根据协议，国开行将给予辽宁省 500 亿元开发性金融软贷款额度和 10 亿元技术援助贷款，以支持辽宁省老工业基地的振兴。协议指定辽宁省债务管理办公室作为借款人，以辽宁省各市财政的补贴资金作为主要还款来源，并列入当年财政预算。

2005 年 3 月 16 日，辽宁省下发《全省城市集中连片棚户区改造实施方案》，计划用 2~3 年时间基本完成 806 万户改造，使 84.4 万人的居住环境得到明显改善。

随即，国开行与借款人签订了首笔 30 亿元棚户区改造软贷款借款合同，用于抚顺、本溪、丹东等 11 市棚户区的改造，贷款期限 25 年，宽限期 5 年（其间只付息不还本），利率为基准利率全程下浮 10%。自此，全国规模最大的棚户区改造工程正式启动，也开启了国开行的中低收入家庭住房贷款业务。

特殊项目的特殊“打法”

然而，对于规模如此巨大、政策性强、社会影响广泛的特殊公益项目，银行传统的“点对点”信贷资金监管方式远远不能适应项目管理的需要，必须整合政府资源，充分利用政府的组织和协调优势。

国开行选择将贷款大额整体划拨给辽宁省财政，对专款账户进行总体监控，由省财政直接对银行负责。在引入市场运营机制的城市，再利用当地商业银行的分支机构，进一步过滤风险。

国开行首先会同辽宁省政府及相关部门，以城市规划、发展规划为依据，制订了详尽的项目实施规划。双方高层领导多次磋商，量身定做了先期规划。国开行还推动辽宁省建立了“棚户区改造办公室”，与财政厅合署办公，确保资金通道通畅，同时通过现场办公严格监督、灵活调配，保证工程款使用透明有效，工程进度如期开展。

为规避官僚主义和寻租现象侵蚀信贷资金，国开行与辽宁省委、省政府建立了多部门参与的500亿元软贷款项目监督联席会议制度。不仅国开行全程监控，审计部门甚至纪委和监察部门都全程介入，保证阳光操作。

项目贷款的信用结构和运作模式用了新办法。在信用结构上，按照“政府主导、市场运作、社会参与”的方式，由辽宁省财政向借款人（辽宁省债务管理办公室）出具补贴承诺，借款人以省财政“补贴收益权”向国开行质押，以腾空土地出让收益、商业开发收入和居民回迁出资作为还款来源，贷款本息由省债务管理办公室统筹各市偿还。

在信贷审批上，国开行第一次使用了“贷款发放核准制”，即在总体承诺的项目贷款额度内，对贷款申请采取分行提交意见，总行评审局单笔核准的方式，最大程度地压缩了贷款审批时间。2005年两次追加贷款，从借款申请提交到贷款发放，所有审批及合同签订仅用了四个工作日。

在本息偿还上，国开行将资金运作划分为两种模式：一种是政府主导型，即由借款城市政府统一调配贷款，资金借入、支出、偿还均由政府相关部门执行。另一种是市场化运营型，即地方市政府从省财政拿到贷款后，与当地商业银行签订管理协议，将资金转交给银行，由银行与开发商签订二次转贷协议。开发商作为最终用款人，在当地棚改办的指挥监督下完成信贷资金的支出及本金偿还。软贷款由地方财政整体兜底。

到2006年底，5万平方米以上城市集中连片棚改提前结束。国开行共发放60亿元软贷款，仅用21个月就创造出一项奇迹。14个城市约120万棚户区居民从低矮、破败的棚户房迁入宽敞明亮的新楼房，根治了困扰辽宁人50年的历史顽疾，使城市面貌焕然一新。

棚户区改造盘活了城市土地资源，提升了辽宁的城市功能和形象，从而激活了相关产业，拉动了区域经济综合发展，为各城市中长期发展创造了空间。

对使用棚户区改造贷款的12座城市的调查显示，贷款资金运行状况良好，还本付息执行正常，11市可通过项目自身带来的收益偿还贷款，仅1市财政还款压力较大，需省财政给予一定补贴和政策扶持。

对国开行的这项创举，时任辽宁省委书记的李克强给予了高度评价："国开行支持老工业基地振兴最成功的案例就是棚户区改造，其视野高度已超出金融范畴，是对构建和谐社会的一大贡献。"

辽宁棚户区改造是国开行在保障性住房业务上打响的第一枪。2006年和2009年，国开行两次与原建设部签署合作协议，支持住房保障体系建设和保障性安居工程、灾后重建。几年中，国开行逐渐拓展中低收入家庭住房建设贷款业务，覆盖了廉租房、经济适用房、限价房、公租房（含农民工公寓）、棚户区、城市危旧房改造（含城中村）、农村危旧房改造、农民安置房八大类。

翻阅国开行厚厚的"民生账本"，截至2014年底，已累计发放保障性安居工程建设贷款10560亿元，总建筑面积逾12亿平方米。惠及约1382万户，4359万人。其中，2010年、2011年和2012年连续三年贷款新增超千亿元，占保障房建设贷款的半壁江山。

第二节　创新助学贷款：学生从"抢贷"变"慎贷"

河南助学贷款流标

眼看2004年金秋将近，河南省副省长贾连朝有些坐立不安。他曾经代表省委省政府向全省人民郑重承诺，一定不让一个孩子因交不起学费而辍学，然而话音甫落，2004 年至 2005 年度河南省高校国家助学贷款业务承办银行招标工作就遭遇了流标的尴尬。

每到新学期，贾连朝总要把各家商业银行请来，苦口婆心地“劝导”他们响应国家号召，为贫困学子及时发放贷款，然而响应者寥寥。

助学贷款受到这般冷落，事出有因。2003 年，国家助学贷款首批还贷数据令人心凉，全国借贷学生平均违约率接近 20%，有的地方达到 30%~40%，甚至更高。西安交通大学就因违约率高达 50% 成为第一所被银行叫停的高校。国家助学贷款项目成了一项高风险、高成本、低收益甚至是负收益的业务，各商业银行避之唯恐不及。

为此，教育部、财政部、中国人民银行和银监会在 2004 年 6 月出台了贷款的“风险补偿机制”，规定“国家助学贷款风险补偿专项资金由财政和普通高校各承担 50%，给予经办银行适当补偿，具体比例在招投标时确定”。

然而，第一轮招投标就让河南省政府始料不及。11 家受邀银行中仅有 5 家银行参加开标会，其中只有工行、中行、建行 3 家国有银行投标，两家银行要求的风险补偿金比例为 30%，另外一家为 50%，而法定的风险补偿金比例仅为 15%。高额的补偿金比例令省财政和高校难以接受，招标以“流标”告终。

与商业银行相反，国开行倒是对参与助学贷款颇为主动。早在 2003 年 10 月，国开行就成立国家助学贷款工作小组，深入到中国农业大学、北京理工大学等高校调研，与教育部财务司、全国教贷中心一起探讨国家助学贷款问题，提出了合作方案。部分成果已被2004年6月颁布的助学贷款新政策所采纳，如在高校建立助贷专管机构、建立风险补偿机制、加强信用建设（建立信用档案、信息查询系统）等。

听说河南助学贷款招标流标，陈元立即指示河南省分行，务必全力解决河南省政府及千万贫困学生的燃眉之急。在他看来，国家助学贷款不同于工程项目，不能仅权衡其商业收益与成本，这是国家实施科教兴国战略、普惠民生的重大政策，有极高的社会价值。

这让陷入困境的河南助学贷款工作“柳暗花明”。2005年1月，银监会批准了国开行在河南省开展国家助学贷款业务试点。

助学贷款新模式

其实，风险对谁都是一样的，关键在于机制创新。否则，“舍我其谁”的气概只会沦为匹夫之勇。

为了把控助学贷款业务的风险，副行长刘克崮专程带队到河南调研。他们发现，所谓“高违约率”的助学贷款风险是可以控制的，一些管理较好的学校违约率很低，甚至为零。由学校处理贷款的申报、发放、追偿等业务，可以大大减少银行的业务量，降低银行成本，也可以解决国开行没有基层网点、人手紧缺的问题。

因此，国开行和教育厅及学校通力合作，建立了“两个平台”：

以省教育贷款管理中心（简称教贷中心）为管理平台，统一管理全省的国家助学贷款业务；以各高校助学贷款管理机构（简称学贷中心）为操作平台，全面管理学生的贷款受理、本息催收、信息管理等具体事宜。

学生直接向开发银行贷款、通过商业银行代理发放，国家开发银行按贷款发放金额的 0.4% 支付代理结算手续费。这样，原属银行一家的职能分解给了教贷中心、学贷中心、商业银行等若干环节，各个环节各司其职。

风险补偿金比例业务合作模式中的关键因素。如比例过高，财政和高校难以承受；若比例过低，则不利于建立激励机制。最终，国开行将风险金比例确定为 14%，由财政和高校各负担 7%，远低于商业银行投标时提出的最低 30% 的条件，从而为河南省政府、财政厅、教育厅和各高校所接受。

在方案探讨的过程中，各高校曾提出："如果违约率低于 14%，那么高校应承担的风险补偿金是否可以少拿或者不拿？"受此启发，国开行索性提出，建立一套基于风险补偿金的激励约束机制，把本应自己所得的违约补偿金拿出来进行专户管理。当贷款违约额低于补偿金时，对教贷中心及高校予以奖励，当贷款违约数额高于补偿金时，不足部分由国开行、教贷中心与高校按 40%、10%、50% 的比例分担。这样，就从根本上解决了原来权责不对称的矛盾。高校既成为助学贷款的受益者，同时也是风险责任的承担者。

这套贷款发放机制不仅帮助了大批贫困大学生，而且通过风险管理机制的创新提高了大学生的诚信意识。

首先，把贷款的审核和管理权限前移到学校，使真假贫困生的信息甄别变得更容易了。贫困学生贷款必须提交村和乡两级证明，老师对谁是贫困学生也一清二楚，那些原本不太需要贷款又打算不还的假贫困生大为减少；学生毕业必须由学校与用人单位签订督促学生还款合同，由老师督促学生留下真实的地址和电话，在学生档案中记载助学贷款情况，这些“步步紧跟”的管理手段大大增强了学生毕业后的还贷意愿。

其次，教贷中心和代理行直接将贷款打入学生账户，增加了代理行的监督，减少了中间人为的扣减，并在本息回收阶段委托用人单位进行监督。同时为每位借款学生建立信用档案，与中国人民银行个人征信系统互联，推进了社会信用制度的建设。此外，国开行还联合教育厅在各高校开展形式多样的诚信教育，在学生内心植入诚信意识，并对少数恶意欠贷的学生在媒体公示以示惩戒。

这些措施明显提高了借贷学生的还贷意识和诚信意识，促使其仔细权衡助学贷款的必要性。2005 年，银行计划发放的贷款额度破天荒地第一次超过了学生申请的贷款额度。银行不“惜贷”了，反倒是学生“慎贷”了。

2006 年 9 月，教育部、财政部、银监会和国开行联合举行新闻发布会，宣布“国家开发银行在全国范围内开展国家助学贷款业务”。2007 年，国开行在江苏、甘肃、重庆等 5 省成功开展了生源地信用助学贷款试点，并于 2008 年在全国大范围推广。这使学生可以在家乡办理助学贷款，当地金融机构审核学生信息更加方便，一定程度上也遏制了弄虚作假、占用指标的现象。

截至2017年，国开行的助学贷款已覆盖全国26个省（市），预计全年发放助学贷款将突破240亿元，为350万名家庭经济困难学生提供贷款支持。12年来，国开行累计发放助学贷款超过1300亿元，支持家庭经济困难学生超过2000万人次。

第三节　大银行的微贷款

破解中小企业贷款难

中小企业融资难是伴随中国经济发展的一大顽疾，也是世界性难题。在中国，中小企业占到了企业总数的99%以上，创造了60%以上的GDP与40%的利税，承担了90%以上的社会就业责任，但它们得到的贷款却不足20%。

尽管从中央到民间的呼吁不绝于耳，政府也为此投入大量人力、财力，但始终没有根本的起色，中小企业依然存在巨大的资金缺口。

一向持“大企业强国，小企业富民”观点的陈元，怎么看待中小企业融资难呢？他认为，这折射出的是制度缺损。商业银行“嫌贫傍富”，习惯性地将贷款难归咎于中小企业的信用差、风险高。但它们是一个信用成长型的群体，需要制度加以培育、扶持。

2003年以前，国开行的中小企业贷款业务只是零零星星地展开，方法同商业银行并无二致。陈元在2003年8月15日全国再就业工作座谈会上的一番讲话，被视为国开行在中小企业融资领域发力的序幕。

在这次座谈会上，陈元提出："开发银行作为政府的开发性金融机构，支持就业和再就业是义不容辞的责任。我们将借鉴国际通行做法，把基本建设领域的成功经验，拓展到支持中小企业发展和就业上来，通过中小企业贷款支持其发展，增强其吸纳劳动力的能力。"

这番表态并非兴之所至的官话，他还提出了一整套工作构想：以对促进就业有重要作用的中小企业为特定对象；分别依托劳动保障部门、就业服务机构和政府中小企业管理部门受理、审查和管理项目；聘请借款人所在地有关专业人士和中小企业管理者参与贷款评议；国开行批发式审批；地方信用担保体系担保；委托中小金融机构结算；通过构造信用结构，建立信用评级、公示与曝光制度促进信用建设，防范贷款风险。

会后，国开行立即着手探索支持中小企业的新贷款模式，设计出"两台一组"模式，即"融资平台+担保平台+群众组织"。他们与国家发改委合作，先在吉林辽源和长春、山东烟台、山西太原、甘肃兰州、江西南昌、北京中关村七个地区组织试点，发现效果相当理想。

2004—2007年，"两台一组"逐渐演变成"三台一会""四台一会"模式：组织平台、融资平台、担保平台、公示平台和中小企业信用协会。

国开行并不满足于此，又探索出更多的贷款模式：担保机构“抱团增信”、龙头企业产业链贷款、小额担保贷款、青年助业贷款、“见保即贷”、妇女微贷、宁夏盐池农户小额贷款、文化创意型中小企业集合信贷产品等，形成了一整套业务产品体系。

这些模式提供了以批发的方式解决零售问题的标准范式，也给了同业很大的启发，商业银行纷纷效仿。

在青海，国开行还向有一技之长、有创业梦想的青年发放小额创业贷款，许多撒拉族青年在北京、上海、天津等地开起了拉面馆，形成了“拉面经济”。

在吉林，国开行与省中小企业主管部门，以及多家金融机构合作，共同开展“万民创业小额贷款业务”。创业者若有贷款需求，只需公职人员的信用担保，就可到当地中小企业主管部门申请 30 万元内的贷款。

中小企业贷款很快成为国开行发展战略的重要组成部分。截至 2017 年中，按照国家的统计口径，国开行的中小企业贷款余额达到 3.7 万亿，其中小微企业贷款余额 1.4 万亿。

中国特色的微贷款模式

2003 年冬季的一个下午，寒风凛冽，世界银行高级金融专家王君陪同上司斯科特（Scott）与国开行行长陈元进行了一番愉快的会谈。他们向陈元介绍了世界银行关于寻找微小企业融资出路的思路，发现很多观点与陈元不谋而合。王君庆幸找对了机构，找对了人。

双方都认为，要破解中小企业融资难，必须解决两个关键问题——可持续、广覆盖。多年来反复重演的一幕是，当中央要求大力扶持中小企业的时候，政府部门就拿出一笔钱来，资金消耗完，扶持工作就终止了。这种“运动式”的搞法就像一阵风，无法让庞大的中小企业群体持续获得资金支持。

世界银行提出了一个有意思的想法，即在国际机构的援助下，由国内的一家金融机构先掌握中小企业融资的正确方法，建立专门的部门，开发专门的程序，建立独立的报酬机制和人事政策，将其树立成中小企业融资的典范。

关键是，这家机构必须得到人民银行、银监会的支持，实行灵活的利率和贷款核销、准备金计提制度，并且自负盈亏。它既可以直接向中小企业贷款，也可以从事中小企业贷款的批发性业务，并向零售银行提供理念、技术以及必要的资金支持，从而为开展健康的中小企业融资找到一条可行的道路。世界银行认为，在当下的中国，只有国开行能担当如此重任。

双方一拍即合。世界银行向国开行推荐的是 EBRD（欧洲复兴开发银行）的经验。欧洲复兴开发银行 1994 年在俄罗斯开办微小企业贷款业务，10 年间扩展到欧洲 22 个国家。自开办以来共发放 53.5 万笔小额贷款，合计 40 亿美元，累计贷款回收率达 99.5%，逾期 30 天以上回收贷款的比率仅占 0.63%。

2004 年 4 月，国开行一行人还实地考察观摩了 EBRD 总部，并考察了哈萨克斯坦微贷款业务。国开行人发现 EBRD 微贷款模式之所以实现了商业可持续，是因为利率能充分覆盖风险和成本。

国开行是选择 EBRD 模式，还是仅仅作为世界银行等国际金融机构的转贷银行？如果是后者，意味着国开行作为世界银行的合作金融机构，转贷世界银行资金，接受技术援助，直接开展微贷款业务。但国开行网点少、汇路不通、结算功能不全，更没有遍布全国的信贷员。

相比之下，"中国的 EBRD"更符合国开行批发银行的特性。即由国开行将资金转贷给各合作金融机构，通过它们的网点向小微企业、个体创业者及农户发放贷款。这种模式符合国开行批发银行的特性，而且能迅速扩大覆盖面。但在当时，国开行向其他金融机构转贷受业务准入的限制，必须得到银监会等部门的政策支持。

另一个难点是：按照 EBRD 模式，微贷款必须执行较高的市场化利率，方可覆盖成本，获得收益。但国内实行严格的利率管制，利率浮动空间不足以弥补微贷款业务的成本。它们只能向中国人民银行呼吁，给微贷款更自主的利率政策。如果利率政策没法松动，则只能向小微企业加收管理费或担保费，变相提高利率。

参照 EBRD 模式，国开行于 2004 年 8 月设计出了自己的微小企业融资方案：贷款对象为微型企业（员工 100 人以下）和小型企业（员工 250 人以下），以无法从正规金融机构获得贷款的企业为主；贷款额度为微型企业一般不超过 10 万元人民币，小型企业一般不超过 100 万元人民币，平均单笔贷款额控制在 10 万元左右；贷款期限一般为 1~2 年，最长不超过 3 年。

其他如业务流程、风险控制等环节也基本参考 EBRD 模式，原则是强调流程的清晰、简捷，方便大面积覆盖微小企业，注重对微小企业现有偿债能力的分析，以项目现金流为基础，不强调担保。

在紧锣密鼓的筹备下，政策的东风如期而至，为国开行扫清了政策上的障碍。

2004 年 11 月，央行决定放宽人民币贷款利率浮动区间，金融机构（不含城乡信用社）的贷款利率原则上不再设定上限。

2005 年 7 月 28 日，银监会颁布了《银行开展小企业贷款业务指导意见》，其中部分条款显然是为国开行量身定制的。如第四条规定："政策性银行因受机构网络限制，可依托中小商业银行和担保机构，开展以小企业为服务对象的转贷款、担保贷款业务。"

普惠金融的典范

2004 年 11 月，国开行成立了由刘克崮副行长任组长的微小企业贷款领导小组和工作组。2005 年 2 月，世界银行 100 万美元微贷款项目的技术援助贷款到位。

为了完整地引进欧洲复兴开发银行的先进经验，国开行高薪聘请了两位前欧洲复兴开发银行微小企业贷款项目专家作为首席顾问。同时，工作组进行了特殊的营销：多次组织面向城市商业银行和有关分行的微贷款业务研讨会；在城市商业银行年会上宣介微贷项目；走访了多个地区的十余家商业银行，深入探讨微贷款项目合作。

微贷款正式进入公众视线，是在2005年11月23日。这一天，国开行与浙江台州市商业银行（后更名台州银行）和内蒙古包头市商业银行（后更名包商银行）同时签署《微小企业贷款项目合作协议》，酝酿已久的“中国商业可持续微小企业融资项目”正式启动。

12月21日，国开行通过包头市商业银行，发放了一笔1.5万元的贷款，支持一名个体工商户资金周转。这笔微贷款业务虽然金额不大，但对于国开行而言却意义非凡。正如陈元所说：“首笔微贷款发放，是我们第一次用金融发展、市场建设的方法实现每一个普通的、有劳动能力的人在融资机会面前的人人平等。我们开展微贷款业务，其社会意义在于使发展中国家人人都能享有平等融资的机会和权力，这正是由‘以人为本’的社会主义基本特征所决定的。”

国开行与地方商业银行“大小合作”推广微贷款的模式，赢得业界一片叫好。国开行作为执行单位，负责“技术＋资金”模式的落实和推广，即向合作银行提供转贷款，并无偿委派外国专家进驻合作银行两年，进行技术援助和人员培训，帮助其建立微小贷款运作机制。地方性的小银行土生土长，立足本地，更适应当地的金融生态环境。

面对下岗工人、农民和个体创业者等小微客户群，国开行量身设计了一款贷款产品：单笔贷款上限20万元，平均单笔4万元，按月等额还款，最长贷款期限可以到3年，担保方式为第三方保证或用经营资产抵押，贷款年利率为15%左右。借助这次合作，包商银行和台州银行迅速成为中小商业银行微贷款业务的先锋，市场声誉鹊起。

经过两年试点，国开行通过合作银行累计发放微贷款4000多笔，平均每笔贷款大概在5万元，最少的只有3000元，不良率仅为0.1%。这些微贷款客户90%以上都是第一次从金融机构获得贷款，体现了普惠金融的价值。

第四节　农村金融生力军

开拓县域经济沃土

中国经济改革始于农村，以“家庭联产承包责任制”为标志的农村改革，以悲壮的色彩开启了此后延绵30年的改革长征。但在各个层面的改革都凸显成效、经济突飞猛进的时候，“三农”问题却成了制约经济发展的瓶颈。“农村真苦，农民真穷，农业真难”——“三农”问题成了挥之不去的阴霾。

农村资源不断被转向城市，以支持城市建设，计划体制下的“重工业发展战略”更是建立起一整套农村哺育城市重工业建设的体制，形成了典型的“二元结构”。

尽管国家每年都会投入巨额财政资金建设新农村，但被分到各地农村用于建设的只是杯水车薪。更糟糕的是，在城乡发展不平衡、城乡居民收入差距拉大、农业比较收益降低的大环境下，金融机构纷纷离乡进城，新农村建设严重“失血”。

国开行2003年启动“一体两翼”战略，将广袤的县域、农村作为未来的战略蓝海。当年7月24日，国开行明确：“强县战略实质是农业经济为主向城市经济为主的转化，也应是我行的业务方向。”

与此同时，国开行2003年、2004年在中小企业融资上的成功探索，消除了许多人的疑虑，如基层业务量小、面宽、点多，与国开行的中长期、批发性银行性质不相符，管理成本高，风险难以控制，等等。

2005年5月，国开行召开专题会议研究中小企业、县域经济贷款问题，提出中小企业、县域经济业务的终极目标是——覆盖到村。“在县域经济领域，第一位的是制度、信用、市场、规则，成败、盈亏、输赢都是第二位的。”以国开行的行事风格，制度建设永远比短期收益重要。

2006年，中央一号文件全面部署社会主义新农村建设，提出“国家开发银行要支持农村基础设施建设和农业资源开发”。国开行被寄予厚望，走上了国家战略的前沿阵地。

同年6月，行长陈元和副行长刘克崮在一次专题视频会议上强调，要将开发性金融覆盖到县，并提出“六项覆盖”“八项前移”的战略决策，建立适合新农村建设及县域经济发展的贷款模式。

所谓“六项覆盖”，是指宣介、协议、机构、规划、信用和资金六项工作覆盖到县，“八项前移”指业务推动、资金筹集、风险控制、项目开发评审、项目审批、贷款管理和回收、稽核审计监察、后台保障八项业务前移到县。

紧接着，国开行抽调448名干部，分赴102个试点县工作，相当于当时全行员工的1/10。2006年底，国开行新农村建设及县域贷款余额达到1756亿元，基本覆盖了试点县域。

此间还有一个小插曲。2006年10月，湖北省恩施土家族苗族自治州发改委的一名干部，结束了在国开行湖北分行为期一年的交流挂职之后，给陈元写了一封信，恳谈自己的体会和遇到的问题，特别希望加强县域工作的规划。

陈元欣然接受了这位发改委干部的建议，要求各分行关注县域的地下管网规划、矿产资源勘查规划、特色产业和旅游产业的详细规划，要有百年大计，滚动分解，逐年落实。由此，国开行又与各县级政府部门建立了规划合作机制，发展财务顾问服务，把之前在省市推动市场、机构和平台建设的经验平移到县域中来。

短短数年，国开行探索出了浙江湖州小城镇建设、天津集约利用土地资源和“宅基地换房”等融资模式，支持了北京新农村“五项基础设施”建设项目、吉林“百镇建设”和陕西“关中百镇”工程，贷款投向包括农村公路网络、电网、饮水等基础设施建设，以及农业产业化、农村医疗、中小学校建设等民生领域。

2010年全年，国开行为支持新农村基础设施建设和农业产业化龙头企业发展，发放贷款1188亿元，有力地支持了城乡统筹发展。

小额信贷：农户的“第一桶金”

2006年，社会主义新农村建设成为国家一项战略任务，国开行将此作为自己的历史使命。国开行党委提出一个新思路：发挥开发性金融的作用，通过融资推动，以有形的基础设施和资源开发等项目建设，带动无形的市场建设和信用建设。继而在农村地区建立起“人人享有平等融资权”的融资体系，使每一位农民都能获得和城市居民平等的融资机会，获得平等的社会发展权，解决教育、医疗、养老保障等一系列问题。

这是一个不乏理想主义色彩的宏大目标。人们习惯了政策扶持和无偿的财政补贴，极少接触商业贷款。国开行到农村去开展业务，首先就意味着要扭转这种思维惯性，让农民接受有偿使用贷款。

其实，国开行刚开始也缺少农村贷款的经验，一切都从2003年的蓟县农村贷款试点中起步，并形成了著名的“蓟县模式”。从这次摸索中，不难看出国开行的用心良苦。

所谓的“蓟县模式”，又称为“3+2+1”模式，即通过银政合作，建立县、乡、村三级融资服务平台。①

“3”是在县一级建立三个融资服务平台，成立蓟县政府开发性银政合作办公室，负责管理协调，下设担保服务平台和投资服务平台，负责向银行融资，由担保中心做担保。

“2”是在乡镇一级建立两个融资服务机构——乡镇银政办和

① 资料见于http://www.zgjrw.com/News/20081127/ruraleconomics/256592779300.html.。

小型担保组织。其中小型担保组织由乡镇银政办的人员、贷款项目涉及村的村干部、贷款项目涉及专业合作社的法人代表组成。

如果一个乡镇有三个村共同贷款，镇长、主管副镇长、乡镇银政办的工作人员，还有三个村的六个村干部，包括每个村的村支书和村主任，都要个人拿钱做担保。如果贷款给了专业合作社，那么专业合作社的法人代表也要拿钱担保。

贷款额度在500万元以下的，乡镇长拿8000元；贷款在500万元到1000万元的，乡镇长拿12000元；贷款在1000万元到1500万元的，乡镇长拿15000元。其他人也以此类推，村干部一般拿1000元到2000元担保，涉及的专业合作社的法人代表不低于2000元。如果不良贷款率低于0.5%，县担保服务中心会对担保金出资人予以奖励。

“1”是村里每个贷款户都要参加一个专业合作社或信用联保小组，信用联保小组由3~5户组成，签订信用联保保证书，互为担保还款，即可获得国开行的小额信贷。

这种模式从机制上最大限度地降低了银行风险，但是要真正推行下去，还要切合农民的所思所虑。

一般来说，建一个大棚政府能给1万多元的补助，可以贷款3万~5万元，农民自己只需要出1万元左右，就能建一个投资5万~6万元的大棚。正常经营的话，一年就可以收入3万~5万元。但蓟县银政办、农委、统计局针对3499个农户、14408人搞了一次问卷调查，结果显示，解决了建棚资金以后，仍有57%的农户担心种植技术问题，74%的农户担心市场问题。

为此，蓟县与山东省寿光市缔结为友好县市，双方共同出资建立了天津市绿怡庄园蔬菜有限公司。公司负责蔬菜的生产技术和销售，并为农民提供统一建棚、管理、种苗、技术、销售的服务。县政府又筹建占地100亩的蔬菜产地交易市场，及时公布全国较大蔬菜市场的行情，让农民及时了解最新行情。

即便如此，农民还是不放心，因为他们太缺乏抗风险能力了。蓟县银政办又推出了“以租代售”的模式，把款贷给公司，公司建完棚之后租给农民使用，而且农民卖完菜以后再交上一年租金，交满四年租金之后这个棚就送给农民了。这种模式推出后，很快就建成了几百个大棚。

蓟县模式在三个平台以外，还引入了保险机制，开展“银政保”合作。当农户不偿还贷款时，由保险公司偿还，而保险公司可通过法律手段向农民追偿，避免政府与老百姓对簿公堂。

第十一章　海外投棋布子

提要　“开行为什么要做国际业务？成本高，风险又大”，很多人心存疑问。国开行用一个个战略性大项目给出了答案。10年间，国开行的国际业务不仅在规模方面超过了国内所有银行，更在服务国家战略方面成为不可替代的重要角色：创立上合组织银联体、金砖国家银行合作机制等国际组织，运作中俄石油、中巴石油、中委基金、中土天然气等项目，换回大批中国急需的能源资源等战略物资。

第一节　投棋布子：布局全球市场

“必须走出去”

“国开行必须要走出去，在全世界投棋布子！全球194个国家和地区都要派工作组过去。”陈元话音方落，偌大的会议室内鸦雀无声。台下，人们四目相觑，有兴奋、惊讶，亦有茫然。

这一幕，发生在2005年6月7日举行的国家开发银行工作会议上，会议的主题是国际业务的发展。自从中国加入WTO，外汇转贷等传统对外业务逐步萎缩，寻找新的业务增长点势在必行。国开行曾尝试自营外汇贷款，但对于“走出去”的宏大构想而言，这样的举措显然远远不够。

陈元向笔者阐释了他的思路：“中国正在进行史无前例的城市化进程。我们是13亿人的国家，十月革命只解决了一亿人的城市化，英国工业革命只解决了几千万人的城市化，日本明治维新时也就不到一亿人口。所以我们的城市化是人类历史上最伟大的城市化，遇到的问题也是前所未有的。”

陈元清晰地看到，在城市化的发展进程中，外部最大的掣肘因素是资源、能源约束，即石油、铜、铝、铁、镍等战略性能源矿产严重短缺。2004年，中国就已成为世界第二大能源消费国，第二大基本金属消费、生产与进口国，原油进口量达1.2亿吨。

这一战略思维在国开行党委成员间很快达成了共识。2004—2005年，国开行党委多次开会讨论“走出去”问题，认为应该主动“走出去”，为国内企业铺路搭桥，在海外建立战略性资源基地与渠道，保证海外资源的长期、稳定供应，这是关系中国可持续发展的重大问题，也是国开行业务发展的机遇。前述会议上抛出的“全球投棋布子”论，正是这一思想的延续。

在陈元的设想中，“走出去”的这批国开行人，将在第一线构筑起与所在国政府、金融机构及企业之间的合作平台，推进境外项目的开发，从突破物质瓶颈到突破社会瓶颈，再到突破国家战略瓶颈，服务于中国在国际战略资源合作上的需求。

但当时，很多开行人私下并不认同这一点。尽管大家对“国际一流银行”的目标已不陌生，也意识到要达到这一目标，应该拥有足够的国际业务能力和业务量。但在大部分人眼里，所谓的“国际业务”，不外乎为国内企业办理一下外汇贷款，与国外银行开展一些外事活动、业务交流，和商业银行的传统做法并无多大区别。

大家担心，派出海外工作组去搞国际金融合作，不仅面临语言不通的问题，也不熟悉当地的政治经济、文化宗教、风俗习惯等，怎么能发展好业务？成本会不会太大？

对此，一向严肃的陈元半开玩笑地打了个比方：“各位有相当多都是当年下过乡、插过队的老知青，这‘走出去’，总比‘上山下乡’要来得容易吧？”

布设全球网络

2005 年 11 月 23 日，国开行宣布组建上合组织银联体项目工作组，分别向上合组织的成员国俄罗斯、哈萨克斯坦、吉尔吉斯斯坦、乌兹别克斯坦、塔吉克斯坦以及南美洲产油大国委内瑞拉，派驻出了第一批海外专家工作组。“投棋布子”由此拉开了序幕。

首批海外工作组成员都是行里的精兵强将，陈元形容他们是“不穿军装的战士”。这批人远赴重洋后，遇到的最大问题并非环境不熟悉、生活不习惯、语言沟通不便，而是在发展新业务的时候“两眼一抹黑”，根本不知道找谁。他们只得慢慢摸索，先去找当地的中资企业，然后与中国驻外使领馆联络上，再在外交人员的推荐下，和所在国的金融界与政府部门建立联系。

为了敦促海外工作组掌握当地情况，陈元还要求他们定期撰写当地的政经情况报告，“不要多，两三页顶多，当地有什么问题都在这里给我提出来”。很长的一段时间，逐份批改海外工作组的报告便成了陈元每天的“功课”。

这些起初“两三页”的简版报告，后来逐渐发展成对所在国外商投资政策和法律法规、风俗习惯、市场状况、产业竞争力等全方位的分析报告。这使得工作组不仅为国开行快速打入当地市场搭建了桥梁，还成为“走出去”的中国企业信息资源库。在初涉境外业务的摸爬滚打中，首批海外工作组成员也从一穷二白的拓荒者，逐渐成长为国际合作业务的中流砥柱。

在2006年8月召开的中央外事工作会议上，时任国家主席胡锦涛把坚持“引进来”和“走出去”相结合作为一项国家发展战略提出。与这一信号相契合，国开行的国际开发与合作业务有了飞跃式的发展。

同年10月，国开行确立起“总行统筹、分行负责”的国际合作业务新体制，即在总行由国际金融局、国际合作业务局统一协调，各分行实行“分片包干”，加快了派驻海外工作组的步伐。

海外业务迅速扩大之后，国别工作组又出现了一些新问题——现场评审力量不足，决策链条过长，信息传递效率低。

2009年7月，国开行组建了“大区组”进驻美洲，作为国际业务合作局与国别组之间的管理与执行机构。

随后的一年多里，国开行风风火火地组建了中部美洲、南部美洲、欧洲、欧亚、亚太、东盟、西亚北非、中西部非洲、南部非洲九个大区组。由此，“国合局—大区组—国别组”三级管理体制成型，为覆盖更广阔的境外市场打下了制度基础。

2009年7月29日，国开行将驻香港的代表处升格为分行，作为国开行的首家境外全功能持牌分行。香港分行依托国际金融中心的优势，被定位为国开行的“簿记中心”、“筹资中心”与“外汇交易中心”。

从2005年派出第一支海外工作组，到2012年底，国开行的国际业务网络从无到有，逐渐覆盖了195个国家和地区，包括香港分行和开罗、莫斯科、里约热内卢3家代表处，派出了500多人的海外工作队伍。

国开行的国际业务也由弱变强，贷款规模超越了传统的外汇银行——中国银行，达到2245亿美元，在国内银行机构中独占鳌头。外汇贷款的不良率为0.26%，低于全行业水平。

“和商业银行先建立机构，再开展业务的路线不同，我们是先派人过去，把业务抓上去，机构就自然被带起来了。因为说到底，海外业务的推动是一个寻求当地市场接受的过程。”陈元在回忆“投棋布子”的历程时说。

国开行当年投向全球各个角落的“棋子”，如今已联结成片，相互呼应，一条中国血统的“金融脉络”跃然于世界经济地图之上。

第二节　多边共赢：区域金融合作

创立上合组织银联体

2005 年 10 月 26 日，一个新型的国际金融区域合作组织——上海合作组织银行联合体(简称上合组织银联体)正式成立。这个嫁接于上海合作组织之上的金融合作机制，联结起中国国家开发银行、俄罗斯开发与对外经济银行、哈萨克斯坦开发银行、乌兹别克斯坦外经银行、塔吉克斯坦国家储蓄银行、吉尔吉斯国家结算储蓄银行等六国银行，旨在解决区域内重大项目的融资问题，推动区域内的经济合作。而其倡议者和幕后推手正是国开行。

上合组织银联体的创立并非一帆风顺。起初，上合组织各方设想金融合作的形式是基金。2004 年 6 月，商务部在上合组织塔什干峰会上提出建立“上合组织发展基金”，并邀请国开行参加基金专家工作组，进行方案论证、设计。然而，由于各方政府很难对基金金额、用途、来源等问题达成一致，设立发展基金一事暂时被搁置。

2005 年上半年，情况发生了转机。其间，陈元与俄罗斯开发与对外经济银行行长有过一次会面，谈及在上合组织框架下以何种方式开展金融合作更为稳妥。如果成立一个涉及六国的实体组织，仅前期各种法律文件的协定谈判就可能耗时两三年，遑论其他。相对而言，区域银行联合体的合作机制可能是一种更为灵活、机动的形式。

商讨后，两位行长达成共识，决定共同倡议建立银行联合体，即：由上合组织成员国各指定一家银行为代表，成立银行联合体，依托政府的协调、推动作用，按照市场运作方式，共同为上合组织框架内的合作项目提供融资。随后，国开行起草了建立银联体的协议草案，与上合组织成员国的有关银行沟通达成一致。

2005 年 10 月 26 日，在欧亚十国领导人的见证下，陈元代表中方在莫斯科与其他成员行签署了关于成立“上海合作组织银行联合体”的协议，并当选为“上合组织银联体”理事会首任主席，国开行担任首任主席行。舆论普遍认为，此事标志着中国在通过开发性金融对周边国家发挥作用方面迈出了重要一步。

不过，由于上合组织的成员国之间存在不同的利益诉求，有时呈现出貌合神离的疏离状态，使得上合组织银联体的工作开展起来亦存在障碍。

有研究人士撰文分析，[①] 由于中俄两国对上合组织的不同定位和期冀，导致双方心态各异。中方希望借上合组织增强自身的政治影响力和经济发展活力，俄方则欲借这一平台重聚中亚伙伴人气，搞活“自家”组织和欧亚经济共同体，恢复对中亚原有的影响力。在此心态下，俄罗斯不太愿意看到上合组织过快发展，特别是经济和能源合作的发展，导致中俄能源合作一波三折，起步

① 资料见于 http://news.cntv.cn/china/20110613/105741.shtml。

最早，成果却来得最迟，与中俄高水平政治关系形成很大反差。此外，中亚成员国对扩大对华合作也心存疑虑，担心会沦为中国的经济附庸。

如何消除外方对中国的疑虑和戒备，培养对华友好信任和长远合作意愿，成了国开行面临的一道异常棘手的难题。在担任2009—2010年度主席行期间，国开行为此投注了巨大的耐心和精力。

陈元每逢出席银联体会议，言必提及“区域经济一体化”，鼓励成员行走出藩篱，理解中国的改革和发展模式。他亲自督办银联体会议，细节上争取尽善尽美，以增加外方的认同。

作为首任主席行，国开行不遗余力地推动“上合组织银联体”形成成熟的工作机制，倡导“上合组织银联体”开展农业、货币互换、本币贷款等业务，并主动承担了文件保管、网站建设等大量基础工作。其次，在贷款、人员交流等方面也给予其他几家成员行支持，此外还成立了专门的培训部门，邀请上合组织成员国的政府经济主管部门、上合组织银联体成员行、国开行重点客户等参加研讨会或培训班，几年来达数千人次。

幕后的推动是艰难的，涉及浩繁琐碎的事务。一位参与此事的国际金融局人士对此印象深刻。他说，由于“上合组织银联体”包括六个不同国家的金融机构，因此，每个需要讨论的事项，都要一家一家地解释、沟通，寻求共同利益点，以达成统一意见。如此一来，简单的一个事项，至少要打六个电话；薄薄的两页文件，若此处同意，彼处否决，就会牵扯又一轮协调。

有时变化会来得让人措手不及。在2010年“上合组织银联体”理事会上，各成员国银行行长即将发言完毕，距签字仪式仅剩半小时，成员行之一的某官员突然提出，要在协议上增加一项内容，如若不然，他们的行长就要罢签协议。

国开行的负责人立即同对方进行紧急磋商，劝诫对方要顾全大局，晓之以理动之以情，但对方态度强硬，最终国开行做出让步，将他们要求的内容添加进去。其实，新添加的条款并不具争议性，问题在于，紧要关头贸然更改协议，违反了正常程序，很可能招致其他国家反感，导致签约失败。

还有一个小插曲，国开行就“上合组织银联体”投资担保机制提议，各成员行共同成立一个工作组。其他五个成员行中，只有俄罗斯的代表坚决不同意，理由是在其法律规定中银行没有这种功能。

谈判僵持之时，一位塔吉克斯坦国家储蓄银行的代表出人意料地站出来，说：“你们为什么不同意？所有文件都是国开行提的草案，我们坐享其成，他们做了这么多工作，成立工作组，你们只是派一个人参加一下而已，为什么不同意？”

一句话让俄方代表哑口无言，陷入了沉默。就这样，该提议总算通过。表面上是塔吉克斯坦代表的一句话发挥了效用，实则是国开行一直以来坚持付出的诚意使其在成员行中树立起了威信。

正是这种不懈的努力，让国开行一次又一次度过艰难时刻，使外方对中国和国开行从生疏到熟悉，逐渐形成了“上合组织银联体”的向心力。慢慢地，国开行在上合组织银联体框架下提出的建议，其他成员行只要力所能及，都倾力配合，不再刁难。

国开行是“上合组织银联体”成员行中在上合地区贷款规模最大的银行，其贷款有“三多”：战略性能源资源项目多、优质客户多、创新项目和民生项目多。

有了组织和平台，国开行配合国家能源战略，以贷款换资源，缓解国内能源资源紧缺局面。如为大型国企在上合地区的“走出去”业务提供金融服务，签下了数个能源资源类项目大单，包括中俄石油贸易项目（60 亿美元）、中俄石油合作融资项目（250 亿美元）、中哈石油管道项目（3 亿美元）、中亚天然气管道项目（110 亿美元）、中土天然气合作项目（40 亿美元）等。

另一方面，基于这些项目，国开行也积累起一批优质客户。包括俄罗斯石油公司、俄罗斯国家石油管道运输公司、哈萨克斯坦萨姆鲁克－卡泽纳基金、乌兹别克斯坦石油天然气总公司等国外优质大型企业，以及中石油、中兴、华为等国内知名企业。

如今，上合组织银联体模式已成为其他银联体的样板，战略价值与日俱增。

发起“中国－东盟银行联合体”

2010 年 1 月 1 日，伴随着新年第一轮太阳的升起，仅次于欧盟和北美自由贸易区的世界第三大自由贸易区“中国－东盟自由贸易区”建成，标志着由中国和东盟十国组成、近六万亿美元国民生产总值、约占全球 1/9 的区域，步入了零关税时代。

中国与东盟战略伙伴关系上升到新的高度，也对加快区域金融合作提出了全方位、多层次的需求。

2010 年 5 月，外交部正式书面委托国开行牵头研究成立“中国－东盟银行联合体”的可行性，制订组建方案。而推动双边和多边金融合作机制，已然成为国开行的一项独特使命。一个月后，国开行就向外交部报送了方案并得到认可。

7 月 22 日，在越南召开的中国－东盟外长会议上，杨洁篪外长正式倡议发起设立“中国－东盟银行联合体”，以深化中国与东盟的金融合作。

经过紧张筹备，10 月 29 日，在第十三次东盟（10+1）领导人会议期间，国开行与文莱伊斯兰银行、柬埔寨加华银行、印度尼西亚曼迪利银行、老挝开发银行、马来西亚联昌国际银行、缅甸外贸银行、菲律宾 BDO 银行、新加坡星展银行、泰国泰华农民银行和越南投资发展银行签署了《中国－东盟银行联合体合作协议》，“中国－东盟银行联合体”（简称“中国－东盟银联体”）正式成立。

银联体得到与会各国领导人的认可与支持，并作为峰会成果之一，在时任国务院总理温家宝与东盟各国领导人共同出席的发布仪式上正式对外宣布。温总理表示：“中国国家开发银行与东盟国家银行发起建立的‘中国－东盟银行联合体’是一个重要创新，我们要支持这一平台充分发挥作用，为双方经济技术合作和贸易投资发展提供多样性的金融服务。”

在中国－东盟银联体框架下，国开行随后同越南、柬埔寨、缅甸等国成员行开展了授信及项目合作。

2011 年 5 月 16 日，中国－东盟银联体首届理事会在北京召开，标志着银联体机制建设迈出了重要一步。2012 年 5 月 17 日，国开行在北京主办了中国－东盟银联体理事会第二次会议，各成员行签署了补充协议，探讨了如何为各国基础设施、电力、农业、能源资源等领域的重点项目提供融资，以及在本币结算、资金交易等领域开展合作的可行性，为深层次的金融合作打下了基础。

建立“金砖国家银行合作机制”

金砖国家的概念最早出现于 2001 年，当时是引用巴西、俄罗斯、印度和中国的英文首字母，简称为“金砖四国”（BRIC）。2010 年 12 月南非加入后，五国并称为“金砖国家”，其英文缩写变为“BRICS”。这些国家经济互补性强，利益诉求相近，有稳定的社会政治环境、巨大的市场空间，以及广阔的合作前景。

2009 年 10 月，上海合作组织北京总理会议期间，俄罗斯开发与对外经济银行行长德米特里耶夫向陈元表示，为加强金砖四国银行间的合作，希望按照上海合作组织银行联合体的框架，由四国的开发性金融机构建立“金砖四国银行联合体”。

2010 年 2 月 8 日传来好消息，俄罗斯开发与对外经济银行告知国开行，印度和巴西方面非常乐意参与，印方指定印度进出口银行、巴方指定巴西国民经济社会发展银行作为“金砖四国银行联合体”的参加行。两个月后，金砖四国银行会议在里约热内卢召开，四方草签了银行合作备忘录。

2010 年 4 月 15 日，在国家主席胡锦涛、巴西总统卢拉、俄罗斯总统梅德韦杰夫和印度总理辛格的共同见证下，金砖四国银行的行长（董事长）在巴西外交部共同签署了合作备忘录，标志着“金砖四国银行合作机制”正式成立。

为了落实合作备忘录的约定，四国成员行于 2010 年 10 月在伦敦召开了四国成员行局长级会议，讨论了四国银行合作机制的工作模式、信息交流、人员培训以及 2011 年合作机制年会等方面的问题。四国银行约定，2011 年度召开金砖四国银行合作峰会，由国开行担任 2011 年度合作机制主席行。

2010 年 12 月 23 日，南非共和国加入金砖国家合作框架，南部非洲开发银行加入到“金砖国家银行合作机制”中来，合作机制扩展至五国。

“金砖国家银行合作机制”的建立，为金砖国家深化金融合作搭建了很好的平台，初步实现了以合作机制为保障、以融资服务为核心的合作模式。通过市场化方式，开展相互授信、项目融资、贸易融资和银团贷款，对带动金砖国家经济发展、推动经贸合作发挥了积极作用。

第三节　贷款换资源：石油种子计划

中国是继美国和日本之后，排名第三的能源消费大国。能源、资源已成为影响中国经济发展的重要外部因素，急需与能源产出大国合作，来保障能源供应和安全，减小意外波动。作为“国家队”，用贷款换能源的战略性安排，非国开行莫属。

从 2006 年起，国开行的海外工作组敏锐地察觉到，中国与巴西的石油、矿产资源有天然的合作条件。于是，他们试着投棋布子，通过以“贷款换能源”模式，运作了中俄、中巴、中委、中哈、中缅以及五矿、中铝收购等一批大额能源资源合作项目，引起全球金融界的瞩目。

250 亿美元的超级大单

2011 年 1 月 1 日，当地时间 6 时 30 分，位于俄罗斯远东阿穆尔州斯科沃罗季诺市的石油分输站开启供油阀门。

11 时 50 分，中国石油天然气公司漠河首站发布投产输油指令，中俄原油管道中国境内“漠大线”（漠河—大庆）随即进入输送状态。4.2 万吨的俄罗斯原油汩汩输入了中国，这个世界第二大经济体。

“这是中国国际能源合作的一个重大突破，是一个了不起的成就。”时任国开行副行长郑之杰多年后回顾，“我 2008 年 10 月从建行到国开行，也是从这个项目开始深刻理解国开行服务国家战略的使命和情怀的。”

开辟远东陆上运输管道，对中国而言是一项解决能源安全的战略问题。一方面，增加油气供应量，才能满足国内增长旺盛的石油需求；另一方面，规避石油进口运输对马六甲海峡的过度依赖，迫切需要寻找近距离的陆上石油运输管道。但中俄能源合作从 1994 年开始酝酿，久而无果。

直至 2008 年国际金融危机带来契机。在金融危机冲击下，俄罗斯股市大幅下跌，外资大量撤离，几大石油公司陷入债务危机，需要大量资金注入，以稳定国家金融形势，缓解大型油气公司的资金短缺。再者，俄罗斯几大石油公司急需大量资金，以支撑在欧洲、非洲、东南亚、拉美等地抢占资源，以及自身的扩大再生产。①

2008 年 5 月 23 日，时任国家主席的胡锦涛在人民大会堂会见俄罗斯总统梅德韦杰夫，就中俄石油合作达成共识，并出席了能源、航空、林业领域双边合作文件的签字仪式。

10 月，俄方提出，希望在增加对华供油并修建远东原油管道中国支线的同时，从中方获得融资。10 月 28 日，温家宝总理访俄期间，两国政府签署了《关于在石油领域合作的谅解备忘录》，明确了未来 20 年俄每年向我国出口原油 1500 万吨，俄方建设远东原油管道中国支线，我国向俄提供 250 亿美元长期贷款。至此，中俄能源合作进入新阶段。

这 250 亿美元的超级大单，也是全球金融史上最大的一笔贷款。借款主体应该是谁？贷款担保怎么安排？贷款如何定价？处处是玄机。

从 2008 年 10 月 28 日开始，中俄双方开始了艰苦而曲折的

---

① 李明三 . 中俄贷款换石油全解读［N］.21 世纪经济报道，2008-11-05.

谈判，这一谈就是4轮。其间，由于对关键问题的分歧，谈判一度陷入僵局。

前两轮谈判，俄方派出代表团到北京。第一轮就在“采用固定利率还是浮动利率”的问题上卡住了，11月12日，谈判宣告暂停。

十天后，第二轮谈判重启，这次双方纠结在最关键的贷款利率上。俄方要求享受政府援助性质的贷款，中方则认为贷款应按照商业化原则操作。

“作为资源提供方，俄方刚开始还拿着‘超级大国’的劲儿。有一次工作层面的接触，我们提出了一个贷款利率，俄方很不满意，连招呼都没打就直接飞回去了。”郑之杰回忆，类似“技术性暂停”出现了多次。

郑之杰提起当时的辛苦，连说印象太深刻：“我们都是昼夜连轴转的，因为他们跟咱们有时差，他们一般中午十一二点来，谈到下午三点多钟，晚上九十点钟再来，谈到十二点。咱们还得跟国务院打报告，每天得把报告写出来，层层审批，等到一两点钟才能报上去。第二天早上八点半还得正常上班，研究当天的谈判策略。”

值得欣慰的是，这样的“折腾”没有白费。2009年2月17日，经过近4个月的艰苦谈判，中俄双方正式签署协议，国开行分别向俄罗斯石油公司和俄罗斯国家石油管道运输公司提供150亿和100亿美元的贷款，俄方则承诺在未来20年内向中国提供3亿吨原油供应。

这单巨额能源协议，打破了俄罗斯油气管道向东输送的零纪录，改写了大型油气运输管道主要通往欧美的国际能源输送格局，对保障我国石油安全意义重大。同时，对深化中俄石油与金融合作，进一步丰富中俄战略协作伙伴关系的内涵具有深远影响。从银行的角度来看，“管道运输、原油贸易和贷款一揽子合作”的运作模式，则为我国银行业运作国际重大项目积累了经验。

尽管谈判期间唇枪舌剑，锱铢必较，俄方石油公司和管道运输公司事后仍对国开行表示出了由衷的敬佩，“国开行提出的贷款方案极具专业性和建设性，双方能在空前的金融形势、空前的巨额贷款和空前的定价模式上达成共识，完成谈判，实现了双赢，合作是愉快的。”

中巴贷款换石油：一箭双雕

巴西矿产和石油资源丰富，2010年已探明石油储量就达到139.86亿桶。负责油气生产的巴西石油公司（简称巴油），是世界第十五大石油公司和拉丁美洲最大的石油公司之一，石油产量占巴西石油产量的95%。如何能将这个大“油桶”的管道接通到中国呢？

2006年，国开行向巴西派出的海外工作组发现，中巴两国进行石油方面的合作具备天然的好条件。因为巴西资源有大量的石油天然气和矿产资源可供开采，但缺少资金。中国资源紧张，却资金充足。

2008年10月，国开行伸出橄榄枝，主动约巴西方面商谈合作。不到一个月，巴油总裁盖布利埃里就飞到北京与陈元见面，希望得到国开行的大额融资。这是一次三方合作的好机会。国开行向巴油提供贷款，巴油则向中国的石油公司供油。国开行马上与中石化沟通，中石化自然十分乐见其成。

2009 年 1 月，国开行向巴西派出工作团队，与巴油就三方合作原则与内容达成共识。2 月 19 日，时任国家副主席的习近平访问巴西期间，国开行、中石化与巴油签署了三方合作备忘录。5 月 19 日，在胡锦涛主席和卢拉总统的共同见证下，国开行与巴油签署贷款协议，中石化与巴油签署供油协议，中巴石油合作项目就此顺利开启。

按照协议约定，国开行向巴西石油公司提供总额为 100 亿美元的贷款，贷款期限为 10 年。其中，A 部分贷款（70 亿美元）主要用于巴油在石油勘探、开采和炼化等领域的资本性投资；B 部分贷款（30 亿美元）用于巴油从中国采购产品和服务，凭采购合同提款。

100 亿美元贷款协议采用了较为缜密的信用结构。第一步，将巴油与中石化联合石化（亚洲）公司签订的原油贸易合同项下应收账款转让给国开行，第一年原油贸易量 15 万桶 / 日，其后九年原油贸易量 20 万桶 / 日；第二步，巴油在国开行开立油款归集账户并做质押，中石化联合石化（亚洲）公司将油款汇入该账户；第三步，对于 A 部分 70 亿美元贷款，巴油在国开行开立偿债准备金账户并做质押，确保还本付息日账户内资金余额覆盖当期本息金额。

中巴石油合作的成功，是两国合作规模最广、涉及金额最大、期限最长的项目，成为两国深化战略伙伴关系的新起点。

以原油还款、获取资源的“融资 + 油贸 + 资源”的合作模式，使国开行、中石化、巴油三方皆受益。国开行在取得稳定收益时，贷款风险得以覆盖；中石化获得了稳定的原油供应及进入巴西石油市场的机会；同时促进了中国石油进口来源多元化，使中国石油企业参与巴西深海石油勘探开发迈出第一步。

100 亿美元的石油合作项目之所以能花落中国，还有一个特殊背景。在此之前，国开行就与巴方合作中巴天然气管道项目，为巴方提供了约 7 亿美元的贷款。这一项目使国开行每年亏损约 1 亿人民币，15 年下来，亏损达 2 亿美元。但是基于服务国家能源战略的考虑，国开行承担了亏损，一直将这个项目支持下来。此举获得了巴方的高度信任，巴方此后才将这 100 亿美元石油项目交给了中国。

启动中委联合融资基金

位于南美洲大陆北部的委内瑞拉，是盛产美女的“世界小姐之国”，也是中国在拉美地区主要的投资目的国之一。

中委合作的序曲始于 21 世纪，国开行向委内瑞拉有关部门承诺了约 9 亿美元住房贷款，且不附加任何条件，帮助其修建约 50 万套平民住房。相比那些直奔石油和矿产资源而来、胃口大开的西方国家，类似于援助性质的巨额住房贷款充分展示了中国的友好和诚意。不仅是政府部门，不少受益的委内瑞拉民众都对国开行、对中国抱有一份好感。

对中委联合融资基金的设想和探讨，则源自一个更高层面的战略需求与互补。

时任国开行副行长的刘克崮是中委合作的牵头人之一，数年后，他回忆起这次合作依然充满激情，“这是一次国家层面的整体战略合作。委内瑞拉缺钱，中国缺油，这是战略互补的点，两国合作就能互利共赢”。

2005—2008 年，刘克崮带领团队无数次越洋过海，登陆南美大陆，与委内瑞拉各个政府部门探讨合作方案，多次与委内瑞拉总统查韦斯会面交流。如今，查韦斯已故去，但他与刘克崮的合影仍摆在刘克崮办公室的书架上，记录着国开行与委内瑞拉的紧密合作，以及两人在谈判交流中建立起来的亲密友谊。

2006 年 8 月，查韦斯访华期间，向时任国家主席胡锦涛建议设立中委基金，胡锦涛予以积极回应。此前，国开行多次与 BANDES（委内瑞拉经济社会发展银行）沟通，探讨建立与能源合作挂钩的联合融资机制，双方合作意向明确。2007 年 2 月 28 日，国务院正式批准中委联合融资基金设立方案，并由国开行代表中方承担基金具体设立任务。

2007 年 11 月，国开行、中联油、BANDES、PDVSA（委内瑞拉国家石油公司）、委内瑞拉发展基金和委内瑞拉财政部六方签署了中委基金一系列协议。由国开行以贷款方式出资 40 亿美元、委方出资 20 亿美元组成资本金，用于支持委方及中委合资的基础设施、社会发展、能源矿产、综合性工业化项目。委内瑞拉则通过中石油公司，向中国提供石油。

国开行设计了严丝合缝的信用结构，确保本息的及时回收。具体操作方式为：BANDES在国开行开立油款归集账户，中联油将其向PDVSA支付的石油贸易款直接汇入该账户，专项用于偿还国开行到期贷款本息。同时在国开行与中联油、BANDES、PDVSA共同签署的四方协议中约定了委方须向中国供应的油量要求，并明确各方在基金贷款后续管理中的责任和义务。

对委内瑞拉而言，这是一个具有历史意义的突破。当时，委内瑞拉已将国内所有油田收归国有，将虎视眈眈的西方国家全部挡在门外，而国开行是其引入的第一家外资金融机构，也是第一笔长期大额贷款。至此，委内瑞拉的第二轮对外开放开启了。

2008年上半年，国际石油市场油价大幅攀升。委内瑞拉查韦斯总统希望国开行能将基金贷款份额由40亿美元增至80亿美元，基金总规模相应增加至120亿美元。2009年2月18日，时任国家副主席的习近平访委期间，时任国开行行长蒋超良与各相关方签署了增贷40亿美元项目的融资文件。

基金扩容之时，查韦斯总统又向胡锦涛主席提出，在扩大石油贸易合作的基础上，希望中方向委方提供期限更长、数额更大的贷款。随后，国开行代表团远渡重洋，穿梭于北京和加拉加斯之间，与委方开展了多轮谈判，最终确定融资规模为100亿美元及700亿元人民币，全部用于中委合作项目。

项目还款来源为委内瑞拉国家石油公司与中联油之间的原油贸易收入。按照油贸合同约定，委方日均原油贸易量达到28.5万桶，年供油量超过1500万吨。

国开行不仅用巨额贷款换来了战略资源石油，还尽可能通过附加条件把收益留给中国企业。“国开行提供的人民币贷款是有一定附加条件的，一部分人民币要用于向中石油支付劳务费，一部分用于向中国购买油轮、钻探设备等，还有一部分则是与中方合资成立联合运输公司、炼油厂等。”刘克崮谈及这点不无得意。

合资成立石油开采企业、船队、炼油厂，使中委的合作向纵深发展，成为一体化战略合作。双方在合资企业中的股权占比，有的是4:6，有的是6:4，还有的是双方各占50%。

2006年和2009年，查韦斯总统两次访华，都专程访问国开行。2009年4月9日会见陈元时，他特别提到中委联合融资基金，并不无感慨地说：“现在，世界上大银行纷纷宣布破产倒闭，想获得一笔贷款就要付出很高的成本，幸亏我们建立了这个基金，可见我们有多么高的预见性。谢谢你，谢谢胡主席，这个基金帮助了委内瑞拉的发展，我们深表谢意。”①

第四节　支持华为：一部惊艳的海外发展传奇

力挺华为“走出去”

华为技术有限公司（简称华为）无疑是十余年来全球通信设

① 资料见于 http://www.gov.cn/jrzg/2009-04/09/content_1281614.htm。

备制造领域最耀眼的明星，而它冉冉升起的过程，正是与国家开发银行亲密合作的十年。

华为成立于1987年，20世纪末开始致力于海外市场拓展，2002年海外合同销售额仅6亿美元，但到2009年已增长至200亿美元，年均增长率超过50%。目前华为已成长为全球第二大电信设备制造商，世界前100名电信运营商中，50%以上是华为的客户。

从一家国内名不见经传的民营企业，到快速成长为全球赫赫有名的电信设备制造企业，把西方老牌竞争对手远远地抛在了后边，华为身后最大的助推力就是国开行。

伴随华为在国际舞台上的崛起，国开行也从中国走向世界，成为中国银行业最大的外汇贷款银行和对外投融资合作银行。这个风雨同舟、银企双赢的过程俨然是世界电信设备制造领域的一部惊艳传奇。

华为刚成立时，不过是一家普通而羸弱的民营电信设备制造企业。当国开行深圳分行试图向其提供贷款时，银行内部还有反对的声音。分歧在于，国开行当时的客户几乎是清一色的国企，而华为是民营企业。此时，行长陈元一锤定音："不看企业出身，看企业发展潜力和方向，看对我国高科技产业发展的作用。"

2000年11月，在华为公司技术需要快速提升、急需资金建设研发中心的关键阶段，国开行承诺11亿元中长期贷款，支持其建设深圳坂田基地技术研发中心，为其未来发展奠定了基础。

随后几年，国内传统业务市场日趋饱和，华为急切希望进入全球大市场。但是，华为的设备得不到海外运营商的认可，只能先在东南亚、非洲等发展中地区销售，这些地区的运营商水平不高，使得华为的经营风险比较大。此外，与西方老牌竞争对手相比，华为向运营商提供融资的能力也逊色不少，仅依靠自身的技术和服务与西方主流供应商正面竞争，步履维艰。

通信设备制造领域的一项特殊规则是，由于通信设备造价较高，卖方往往会为买方推荐金融机构，向其提供买方融资。如爱立信公司就有瑞典的出口融资机构为其长期提供大额的买方融资。另外，由于海外结算回款的周期比国内长，一些发展中国家的项目甚至要近12个月才能收到货款，所以，企业在海外市场扩张需要大量的周转资金。

当时，华为也获得过一些银行的融资支持，但数额小且约束条件较多。面对蓬勃发展的海外市场，华为迫切需要更具实力，也更有战略眼光的银行作为合作伙伴，为其提供大额、长期的信贷支持。

2004年，恰逢国开行提出开展国际合作业务的思路，希望运用两种市场、两种资源大力支持中国企业“走出去”。当年11月15日，借国开行与深圳市政府举行《开发性金融合作协议》签约仪式之机，陈元在深圳与华为总裁任正非见面，两人一拍即合，确定国开行为华为“走出去”业务提供100亿美元融资支持，并于一个月后正式签约。至此，国开行与华为海外业务的合作正式开启。

有了国开行与之共担风险、共谋发展，华为在发展中国家和地区的市场拓展势如破竹，2006 年就提前两年实现了海外销售收入超 100 亿美元的战略目标。

构筑“铁三角”

但是，在拓展北美、欧洲等高端市场时，华为遇到了“硬骨头”。爱立信、诺基亚西门子通信和阿尔卡特朗讯三大欧洲企业在这些市场盘踞已久，华为很难切入。华为曾试图通过收购介入市场，如 2007 年打算收购美国 3com，但交易未能通过美国政府的审查程序。

这段时期，国开行相关领导多次到华为调研，召集各部门负责人研究如何支持华为发展，并亲自参与为其“量身定做”融资方案。面对华为的发展瓶颈，国开行同意加大合作力度，运用大额、中长期贷款的优势，支持华为的海外通信运营商，来帮助华为获得商务合同。

双方的合作模式被称为“华为模式”：华为不直接借款，借款主体是购买华为设备的国外电信运营商；华为负责向国开行推荐优质客户，并借助企业平台的信用为海外项目增信，共同承担贷款风险；此外，华为还协助国开行对贷款项目进行监管。

而国开行在海外 140 多个国家和地区的国际网络，也变成了帮助华为拓展市场的利器。实际上，欧洲和北美的不少大企业都希望与中国的大型金融机构合作，国开行在华为营销中的深度介入，深深吸引了他们。

2008 年，国际金融危机爆发，西方国家许多金融机构流动性紧缩，导致不少西方设备供应商在融资方面的竞争力大幅下降。华为趁机逆势扩张，国开行于2009年9月与华为签署了新一轮战略合作协议，将合作额度扩大至300亿美元，期限5年。合作内容包括：对华为及其子公司综合授信，承诺大额贷款；对保理业务进行改革创新；支持华为海外客户的债务重组、流动资金贷款项目等。

有了国开行的支持，华为的海外拓展如虎添翼。2010年，华为在巴西最大固话运营商Tele Norte Leste Participacoes网络设备采购招标中脱颖而出，其CEO（首席执行官）亚历克斯·佐尼格(Alex Zornig)说，两年的宽限期以及2%的伦敦银行同业拆借利率使得该报价无可匹敌。①

国外媒体点评称："国家开发银行提供的300亿美元出口信贷额度，帮助华为成功抢滩巴西和墨西哥等拉美市场。"

华为迅猛的增长势头甚至引发了投诉。一家比利时公司Option SA向欧盟委员会投诉称，由于华为和中兴的竞争，该公司的欧洲市场份额从2006年的70%降至2009年的5%。该公司怀疑华为、中兴的产品价格之所以能低于该公司，原因就在于"享有诸多税收优惠和巨额研发补贴，并且享有中国国家开发银行和中国进出口银行的低息贷款"②。

这些欧洲企业的失意，折射出国开行与华为合作的卓著成果。

① 国开行300亿美元信贷额度助华为抢滩拉美市场［N］. 中国信息产业网，2011-04-25.

② 资料见于https://club.1688.com/threadview/30827852.html。

在国开行大额融资推动下，2008 年华为逆势增长 46%，销售额达 233 亿美元，国际市场收入占比超过 75%。2009 年，全球经济金融环境尚未改善，华为仍然实现销售额 302 亿美元，较上年增长 30%。

借力国开行，华为不断将产品打入长期以来被欧洲老牌竞争对手垄断的高端电信市场。目前，华为的产品与解决方案广泛应用于英、法、德等发达国家，并在日、美市场取得新突破。

华为、国开行、电信运营商之间的“铁三角”关系，不仅提高了华为的核心竞争力，也为国开行拓展了一批海外高端客户，提升了国际形象。如 2010 年，根据华为的推荐，国开行对以巴西 TMAR 公司为代表的海外优质运营商（世界排名前 60 位、年销售收入 50 亿美元以上）进行综合授信，发展了一批高端客户。

通过对华为的支持，国开行形成了一整套支持高科技公司海外市场拓展的方案，并在支持另一家高科技企业——中兴通讯的海外市场拓展中也得以应用。目前中兴通讯已成为全球排名第五位的电信设备制造企业。

第五节　惊险一跃：投资巴克莱银行

源起逐鹿荷银

2007 年 7 月下旬，国际金融界最震撼的重磅新闻，莫过于中国国家开发银行投资英国巴克莱银行（简称巴克莱）的消息了。两次入股共计 15.86 亿英镑，成为迄今为止国开行最大的一笔海外投资项目，也是争议较多的一笔股权投资。

2007 年 3 月，陷入困境的荷兰银行（简称荷银），迫于股东压力，开始与欧洲主要银行接触，计划出售股权。由于欧洲银行业多年来格局较为分散，荷银出售或分拆的动向迅速刺激了欧洲银行业敏感的神经。3 月中旬，欧洲第三大银行巴克莱银行提出 670 亿欧元的报价竞购荷兰银行。紧随其后，欧洲第二大银行苏格兰银行亦加入这场争夺战，并于 4 月底公布了高达 711 亿欧元的报价。

巴克莱银行竞购压力倍增，决定在全球范围内寻求战略合作伙伴融资，以获得收购荷银所需的资金。它将目光锁定为中国的国家开发银行和新加坡的淡马锡投资公司。是年 6 月 14 日，巴克莱首席执行官约翰·华莱（John Varley）到国开行拜会董事长陈元，希望国开行考虑入股巴克莱，与其建立战略合作关系，同时配合其竞购荷兰银行，以进一步参股形式提供资金。

巴克莱银行方面提出，希望国开行出资 30 亿 ~100 亿美元参与并购，按并购完成后的市值 2000 亿美元计算，国开行股份不超过 5%，成为较大单一股东。其时巴克莱最大的股东也不过持股 3%~5%。

受邀为此项交易提供财务顾问服务的黑石集团（香港）公司主席梁锦松认为，巴克莱选择国开行作为中国唯一的战略合作伙伴，主要是因为看中了国开行的实力和政策性银行地位，希望以此加强在并购中下一步报价的优势地位。

彼时，国开行正在酝酿商业化改革方案。考虑到国内外汇资金十分充裕，引进外资银行入股会加大我国外汇储备运用的压力，因此，国开行希望尝试变“引进来”为“走出去”，主动参股境外银行，代替先前其他国有银行引进境外战略投资者的改革思路。

然而，2007 年上半年，国际银行业比较稳定，不像金融危机爆发之后纷纷寻求并购重组或补充资本金，合适的参股机会十分稀有。因此，巴克莱银行伸出橄榄枝对国开行而言可谓恰逢其时。

回顾起这个当时中国最大的海外投融资项目时，陈元说，最初的设想并不复杂。一来，巴克莱银行已有 300 多年的历史，是欧洲第三大银行，全球性金融服务商，资产和财务收入结构多元化。如与之合作，可借鉴其发展经验，提高内部管理能力和经营水平，有助于国开行国际化。二来，巴克莱银行在非洲建立了庞大的业务网络，而国开行也正在拓展非洲业务，两者合作可在非洲形成合力。加之，此前国开行与巴克莱银行在业务上已有过较多合作，两行高层沟通也较为频繁，合作起来会相对顺畅。

双方一拍即合。仅用了不到两个月时间，这项巨额交易便达成了初步意向。时任国开行国际金融局局长梁惠江表示，虽用时较短，但国开行对于巴克莱银行的尽职调查绝不草率，工作组几乎每天都通宵达旦、夜以继日地工作。

2007 年 7 月 23 日，国开行与巴克莱银行签署了合作协议。国开行将于首期出资 15 亿英镑（22 亿欧元）认购巴克莱银行增发股份，以每股 7.2 英镑的价格购入，约占巴克莱总股本的 3.1%。

一旦巴克莱成功收购荷银，国开行还将履行在两年内继续增持的权证约定，增资51亿英镑（76亿欧元）进一步认购巴克莱股份，价格为每股7.4英镑。

为了对现有巴克莱股东公平起见，其中的12亿英镑（18亿欧元）价值的股份将作为补偿性协议部分提供给巴克莱除美国以外的股东，任其选择是否购买，以达到反稀释的目的。

如果巴克莱老股东充分使用该权利，则国开行将在合并后的巴克莱中拥有6.3%的股份；反之，国开行的股份将达到7.7%。如若巴克莱最终赢得荷银收购案，则国开行还有在两年内继续增持的权证约定，股份再增加0.5%，达到8%左右，成为其第一大股东。无论并购案是否成功，国开行都可选择在三年内继续在二级市场增持，最终使其在巴克莱的股份不超过10%。①

2007年8月，国开行以14.5亿英镑收购巴克莱2.014亿普通股股权，股权占比约3.1%，同时获得了1个董事席位。

全面战略合作次第展开

2007年10月，对荷兰银行的竞购大战尘埃落定。面对苏格兰银行高得离谱的收购报价，巴克莱银行宣布，撤销对荷兰银行的500万股并购要约。一位国开行人士表示："这是我们共同的考虑，因为风险太大了。"

---

① 季敏华，余敏，张宇哲．开行创纪录收购 入股巴克莱云雾重重［J］．财经，2007-07-24.

虽然竞购受挫，但国开行与巴克莱银行的合作并未终止。2008年6月，受金融危机影响，巴克莱银行宣布增资44.68亿英镑，邀请包括国开行在内的若干家金融机构参与投资。为保持与巴克莱银行的战略合作地位，防止股权被动摊薄，国开行增资1.36亿英镑，收购了巴克莱约4800万股普通股，将股权比例维持在3%左右。至此，国开行在巴克莱银行上的投资达到15.86亿英镑。

但其后，巴克莱的股价持续下跌，使得国开行账面出现了较大浮亏，令市场对国开行与巴克莱的合作关系及投资价值生疑。

笔者将此问题抛给多位国开行人士，他们的心态竟是近乎一致的冷静达观。在他们看来，股价波动造成投资浮亏是很正常的事，尤其是在危机之后，受制于去杠杆化操作和《巴塞尔协议Ⅲ》的实施，银行业的股价暂时无法恢复到危机前的水平。况且，经过这轮金融危机，巴克莱银行并未出现大的财务漏洞，也没有要求政府组织救助，各项指标盈利还在不断提升。财务上的隐性亏损也已经拨备，并不构成根本性的风险。再者，巴克莱银行是一家成熟的全能型银行，对其投资是一项战略投资，而非一个交易项下的财务投资，投资价值体现在全方位的业务合作上。

为了回应各方质疑，国开行还曾专门发出一项与巴克莱银行合作的声明："国家开发银行与巴克莱银行保持着良好的合作关系，目前尚无减持巴克莱银行股份的计划；国家开发银行正在考虑下一步与巴克莱银行深化合作的问题，具体措施将由董事会决定。"

双方的合作内容很少见诸报端，这也是引起业界疑问的重要原因。其实，早在 2007 年 5 月，国开行就与英国巴克莱银行签署了长达十页的《战略合作备忘录》，开始全方位业务合作。合作内容涉及人员培训、客户推荐、产品分销、产品开发、风险管理和控制、信息技术、新巴协议实施、非洲业务合作等层面。

巴克莱方面共有近 50 名专家参与了两行合作。其中，人员交流培训是合作重点。国开行定期组织人员到伦敦、中国香港、新加坡等地的巴克莱银行接受培训，内容涉及并购融资、商品交易、债券承销、风险管理等业务领域，此后扩展到财务管理、IT（互联网技术）运行与管理、人力资源管理等众多领域。

不过，双方在一些业务层面上的合作尚未达到预期。巴克莱在非洲拥有 1000 多家分支机构，是非洲最大的国际性银行。双方都很重视在非洲业务的合作，但在同一个项目的定价和风险判断上往往差距很大，难达共识。比如，根据巴克莱的内部评价体系，某项目 5 年期的贷款利率应达到 10%；国开行则因为项目中有一些中资企业参与，认为贷款利率 5% 就可以了。

这种差距恐怕源自两者本质上的区别。两家银行看似“门当户对”，但实际上一个是西方经济体制下完全商业化的银行，处处秉持利益至上的目标，一个是中国经济体制下的政策性银行，事事服务于国家战略。这样两个出身不同、价值观不同的机构“联姻”，在理念、做法和期望值上当然很难做到步调完全一致。

第六节　投资非洲：中非发展基金

设立中非发展基金

非洲以其在我国经济、外交战略中的重要地位，多年来一直是国开行国际合作业务的重点区域之一。但非洲至今仍是世界上最贫困的大陆，迫切希望与中国建立一种新型战略伙伴关系，从以贸易和工程承包为主，转向直接引入中国的投资，增强经济造血机能和自主发展能力。

出于执行国家对非战略的使命感，以及自身发展的战略判断。2005 年 5 月国开行成立中非发展基金工作小组，向外交部、商务部提交了中非发展基金设立的初步方案。没想到，另一家金融机构也提交了一份方案和科研报告，中非发展基金承办权形成双雄角逐的层面。

面对竞争，中非发展基金工作小组谨慎应对，对方案进行反复论证、修改。

核心问题是，中非发展基金采用何种运作方式最好。一种思路是纯政策性方式，即通过国家财政出资、亏损补贴来运作基金，类似于援助、优惠贷款等传统模式。国开行更倾向于实行以自主经营、自担风险、市场化运作为主的基金运作模式。

12 月 22 日，商务部和外交部联合召开中非发展基金可行性研究报告专家论证会，两家竞标机构都参加了答辩。国开行较完善的组建方案，加之在国际业务、产业投资基金方面的实力和经验，赢得了相关部门的青睐，获得了中非发展基金的承办权。

2006年11月4日，中非合作论坛北京峰会如期召开，胡锦涛在会上宣布："为鼓励和支持中国企业到非洲投资，设立中非发展基金，基金总额逐步达到50亿美元。"设立中非发展基金作为会议的重要成果之一，被正式载入了"《中非合作论坛——北京行动计划（2007至2009年）》"。

中非发展基金是国内第一只专门针对非洲的对外投资基金，设立和运作模式无先例可循，待解问题重重。中非发展基金应采用何种组织形式？50亿美元如何到位？是否吸收非洲国家的资金？就这些问题，筹备组反复与商务部、外交部、发改委、财政部等部门沟通研究，并引入德勤咨询公司，借鉴国际先进做法。

对于基金的组织形式，国际上一般分为有限合伙制、契约制和公司制三种形态，基金的管理一般采用基金资产委托专业管理公司托管的方式。筹备组认为，鉴于基金暂由国开行一家出资，为加快组建进度并便于对外交流，先期应采用基金与管理公司二位一体的公司制方式组建。运作一段时间后，可视具体需要再调整组织形式。

至于出资方式，如果50亿美元一次出资到位，国内需求一时跟不上，容易造成资金闲置。所以，筹备组设计了分三期组建、首期10亿美元一次到位的模式。此外，既然定位于支持中国企业对非投资，他们倾向于在国内注册，首期10亿美元由国开行独家出资，未来可吸收国内外其他投资人。

这样，筹备组设计的基金组建方案便是：基金总规模50亿美元，首期10亿美元，全部由国家开发银行出资，基金运作坚持“自担风险、自负盈亏、市场化运作”的原则。在对非投资及对非合作中，发挥支持、参与和桥梁作用，与我国现行财政金融政策形成互补。

2007年3月中旬，基金“准生证”落户。6月26日，中非发展基金成立并开业运营。

中非合作新“名片”

非洲是中国外交的重要阵地。但与这种外交中的地位不相称的是，中国对非直接投资只占对外投资总量的3%左右，远低于发达国家甚至一些发展中国家。因为，在中非发展基金设立前，中国对非洲的支持以援助和信贷为主，缺乏直接投资工具，难以满足企业的多样化融资需求，特别是项目资本金的需求。

中非发展基金设立后，国开行提出了“投资+贷款”的全面金融服务模式，对于不具备贷款条件的项目，先进行基金投资，培育贷款主体的信用，为贷款融资创造条件。

不过，相对于无偿援助和优惠贷款，投资还是要讲求回报的。曾有媒体问中非发展基金董事长迟建新，对于中非发展基金这种市场化运作方式，非洲“兄弟”会不会难以接受，觉得中国现在不够义气？

迟建新回应说，恰恰相反，他们非常欢迎直接投资。直接投资有几个好处。第一，传统援助的重点都是卫生、教育、公共设施等社会事业项目，对生产型项目的援助比较少。第二，和优惠贷款相比，直接投资不会增加债务负担，比如一些国家、国际货币基金组织、世界银行的优惠贷款额度都有一定的限制，对优惠贷款的使用都有要求和约束。而直接投资由中非发展基金和投资企业承担风险，并不需要非洲方面担保什么。[①]这样，就弥补了传统模式下无偿援助和贷款之间的空白，也不会加重非洲国家的债务负担。

从投资领域来看，中非发展基金也不同于一般的基金，多少带有一些政策性。它重点投资那些有助于改善非洲民生、促进当地经济发展的领域，包括能帮助非洲国家提高经济“造血”机能的农业和制造业，能源、交通、电信等基础设施和基础产业，以及中国企业在非洲开办的工业园区等。

在投资方式上，中非发展基金定位于“重要的少数权益投资人”，原则上不控股，按照自主经营、市场运作、自担风险的原则运作。

在迟建新看来，中非发展基金不仅是中国企业与非洲企业、项目之间的桥梁和纽带，更是一个对非投资合作的平台。对于在非洲发现了投资机会并愿意去投资的企业，中非发展基金会帮助它们分析投资机会，提供资金支持或做其他的融资安排；对于一些有投资意向，但不愿独立承担风险，或者希望中非发展基金在

① 林岭东，刘玉海．专访中非发展基金总裁迟建新：如果一个企业孤零零地走出去，就失去了比较优势［N］．21世纪经济报道，2012-04-30（015）．

非洲帮它们协调、沟通的企业，中非发展基金也乐意与它们合作。有些企业对非洲有兴趣但不了解非洲，希望把适合投资的企业介绍给它们，中非发展基金也帮助它们对接、运作一些项目。①

经过5年的发展，首期10亿美元投资额度已告罄，二期20亿美元已开始募集。中非发展基金原本希望后续募资能撬动更多中国企业赴非投资，但市场化募集遇到障碍，二期资金仍全部由国开行提供。

对于市场化募集的受阻，迟建新如此总结：一是对非投资周期长，投资往往是5~8年的中长线投资，所以一期投资项目大部分还没有显现出应有的效益；二是中国的企业和投资人对非洲市场还不是特别了解，担心市场风险；三是中国机构投资者更愿意自己去主导投资，而不习惯把钱交给别人管理；四是中非发展基金是国内第一只也是唯一一只专业对非股权投资基金，各方面都是首创，大家还持观望态度。

中非发展基金前董事长高坚在基金开业之初曾表示，基金在非洲的投资绝不是以获得资源为重点。这个基金的目标是保本微利，当然也希望能达到在国内的回报水平或国际上产业基金的平均回报水平。②目前来看，中非发展基金的退出渠道主要有四个：所投资企业上市，国内投资母体上市，

① 林岭东，刘玉海．专访中非发展基金总裁迟建新：如果一个企业孤零零地走出去，就失去了比较优势［N］.21世纪经济报道，2012-04-30（015）．

② 但有为．中非发展基金开业，国开行出资10亿美元［N］．上海证券报，2007-06-27（A04）．

股权转让，大股东回购。无论哪种渠道，都须假以时日，其盈利能力方能显现。

“中非发展基金主要寻找具有可持续发展能力，并能为（合作）企业自身带来经济效益的项目。基金投资不会给当地带来任何债务负担，但创造的价值和效应体现在当地。这些企业将对当地就业、税收，以及配套工业产生很多附加效益，也将对经济的可持续发展带来直接成果。”迟建新说。

例如，埃塞俄比亚玻璃厂于2009年5月17日建成投产，结束了该国不能自主生产玻璃的历史，被埃塞俄比亚前总理梅莱斯誉为“中埃务实合作和支持非洲国家工业化的典范”；加纳电厂项目于2010年10月投产发电，约占当地电力装机容量的10%，缓解了当地电力供应紧张的局面，得到加纳前后两任总统的极高评价；马拉维、莫桑比克、赞比亚棉花种植加工项目，是我国在非洲最大的农业项目之一，通过“公司+农户”的模式，向当地农户提供种子、化肥、农药及技术指导，还建设了轧花厂、榨油厂，进行产品深加工，带动当地出口创汇，三国近60万农户受益。

中非发展基金与多家国内企业合作投资汽车和机械组装、家电、水泥、港口等项目，比如华晨集团、一汽集团、北方车辆、美的电器等，提高了当地的就业率和财政收入，以及工业化水平，促进了基础设施的改善。

2015年12月，国家主席习近平在中非合作论坛约翰内斯堡峰会上宣布，为中非发展基金再增资50亿美元，基金总规模提升至100亿美元。

截至2017年中，中非发展基金已累计与1000家企业探讨对非合作，跟踪分析了500多个项目，决定对非洲30个国家的90个项目进行投资，总承诺投资额为43亿美元，这些项目还可带动中国企业增加对非投资200亿美元以上，投资领域涉及基础设施、产能合作、农业民生和资源开发等领域。

如今，作为中国第一支专注对非投资的股权基金，中非发展基金已成为中非合作的“新名片”，成为中国企业对非投资的主力平台。

第十二章　一段走偏的改革之路

提要　2006年始，国开行走到了改革转型的分岔路口。陈元和他的同事们热情地拥抱改革，期待借机确立自身“开发性金融机构”的定位，解决资本金不足、债信政策不明确等火烧眉毛的问题，拿到综合经营的通行证。但各部委对开发性金融的认知分歧重重，各利益集团的势力复杂交错。最终，改革完全偏离了他们预设的方向，南辕北辙地被定位于“商业银行”。

第一节　国开行再定位

重寻安身立命之所

从1994年到2005年，在跨世纪的十余年间，国家开发银行、进出口银行、农业发展银行各自风生水起，在支持国家重点建设、促进对外经济贸易和推动农业农村发展等领域发挥了不可替代的作用。但随着形势的变化，三家政策性银行的定位已不能满足国家经济增长和它们自身发展的需要了。

市场环境是最大的变数。十年前，煤炭、电力、石油、交通运输等是无人问津的“高风险”领域，城市基础设施建设是资金需求量大且收益低的领域。如今这些行业都成了风险可控、效益可期的流金之地，商业银行竞相角逐。

十年前，进出口银行在支持机电产品和成套设备的出口时需要补贴。而今，全国机电产品出口快速增长，90%以上都没有政策性贷款支持，也没必要再补贴。粮食流通体制改革后，市场化主体也逐渐成为粮棉收购格局中越来越重要的力量，国家对农产品流通信贷的补贴也开始下降。

这种天翻地覆的变化，使原有的政策性业务变成了商业性业务，政策性银行曾经天经地义的专属业务部分变成了与商业银行“恶性竞争”。一些商业银行呼吁，政策性银行应退出那些炙手可热的行业，否则就违背了不与商业银行直接竞争的设立初衷。政策性银行和商业银行相互指责，又都满腹委屈。但孰是孰非，难下结论。

这对中央政府和主管部门也是一个难解的命题，过去十多年，三家政策性银行蓬勃发展，总不能一撤了之。那么，政策性银行的安身立命之所在哪里？改革是绕开所有竞争领域、回归传统政策性银行角色？还是开拓新的业务领域，转型为开发性金融机构？

或是收缩业务，淡出市场？

对于这些问题，业界和学界展开了持久而热烈的讨论，大致可归纳为三种改革思路：

一是继续维持传统政策性银行的定位，维持准政府机构的职能，开展国家规定好范围和边界的政策性业务，由国家财政担保，风险由国家财政兜底。

二是向开发性银行转型，实行市场化运作，按项目把业务划分成国家指令性业务和指导性业务两类，国家财政只补偿指令性项目的风险，指导性项目的风险由银行自担。

三是不单独搞政策性银行，政策性金融业务可以搞代理，谁代理就给谁补贴和优惠政策，由财政买单。

与央行的改革构想合拍

2004年，陈元撰写了一份关于国开行改革的报告，呈递给中国人民银行。这份报告引起中国人民银行行长周小川等人的思考，并由此开始了对政策性银行改革的专题研究。

2006年，“推进政策性金融改革”课题被列入当年国务院工作计划，成为2007年全国金融工作会议的九项重大课题之一，由中国人民银行牵头进行研究。国家开发银行的改革课题，由中国人民银行行长助理易纲牵头，研究局副局长张涛具体负责。改革的主要内容包括国开行定位、治理结构、资本金补充、政策性业务划分等。

政策性银行的改革由此拉开了序幕。

实际上，经济学文献及国际社会上并没有“政策性银行”这一叫法，国外文献和国际组织都把这类银行归为开发银行。世界银行认为，从规范的概念上说，中国的政策性银行就是国际上公认的开发银行。

周小川对开发性银行有过系统论述。他从市场经济条件下资本充足率对企业、银行的自我约束入手，认为政策性银行要转变为更加符合市场经济需要的、财务上可持续、有竞争力的开发性金融机构，在提供国家财力许可的政策性金融服务的同时，提供以中长期项目融资为主的开发性金融服务，为包括西部地区在内的产业结构调整、基础设施建设和实施“走出去”战略等提供更持久的金融服务。[1]

张涛也曾撰文阐述，开发性银行其实是一种介于商业银行和传统政策性银行之间的组织形式。它仍具有一定的政策属性，但政策性功能处于次要和辅助地位。主要利用市场化管理和国家背景，按照市场规律运作，在机构自身可持续发展的基础上，为实现国家政策和战略导向服务。开发性银行市场化管理的基本前提，是具备合规的资本充足率和良好的公司治理结构。

张涛认为，开发性银行具有四个基本特征。一是贯彻执行国家政策意图和发展战略，支持中长期项目。二是对市场融资起催化和媒介作用，促进商业性资金进入瓶颈产业和欠发达地区。三是建立现代银行制度，市场化运作，自主经营，自担风险，自负

① 周小川.“十一五”期间金融体制的改革[N].学习时报，2005-11-14（001）.

盈亏。四是依靠国家背景，发展自身机构信用和市场认知度，实现机构长期可持续发展。

国开行的改革构想，与中国人民银行的改革思路大体一致。2006 年 4 月，国开行向央行报送了《关于国家开发银行定位的建议方案》和《关于国家开发银行定位与改革建议的报告》，系统提出了关于改革的初步设想。

他们建议：将国开行定位为“开发性金融机构”，逐步实现综合经营的目标，走现代金融集团化的发展模式；基本运行模式是以国家法定机构信用为基础，市场建设为核心，市场化运作为机制，市场业绩为支柱。国开行希望组建国家开发银行集团，实行综合经营，下设开发银行、投资银行和投资公司。治理结构上先试行“理事会 + 行长”，将来再过渡到“董事会 + 行长”。

对于急需建立的资本金补充机制，国开行希望是多元化的，方式包括加大财政注资、外汇储备注资、自身积累机制、地方参股机制、市场发债筹集资本金等。按 10% 和 15% 两个资本充足率进行测算，国开行当时的资本金缺口分别为 3861 亿元和 6370 亿元。①

2006 年 4 月末，中国人民银行向国务院上报了《关于选择一家政策性银行先行改革的设想与论证》②，认为国开行改革的条件比较成熟，建议政策性银行改革可考虑先从国开行入手，可转型为开发性银行。

---

① 参见《关于国家开发银行定位的建议方案》(2006 年 4 月)。

②《关于选择一家政策性银行先行改革的设想与论证》，2006 年 4 月 30 日。

但是，改革之路远比预想的更漫长，也更崎岖。此后，由于各部门的意见冲突较大，改革方案一而再，再而三地调整。每一轮修改都夹杂着各部门和利益集团的博弈，每一步的推进都是异常艰难。

第二节　反对，反对，再反对

2006年5月，国务院下发《全国金融工作会议筹备工作方案》，决定成立若干专题工作小组，由央行牵头，发改委、财政部、商务部、税务总局、法制办、国研室、银监会、证监会、保监会、外汇局，以及国开行、进出口银行和四大国有商业银行组成“国有银行改革专题工作小组”。

工作小组的任务是总结中行、建行、工行股份制改革的经验，明确国有商业银行的改革方向，推进国有商业银行股份制改革，研究开发银行、进出口银行的定位和改革方案。[1] 多个部门的参与，拉开了一场关于改革的争论。

7月26日，中国人民银行在北京召开政策性银行改革专题座谈会，发改委、财政部、商务部、银监会、建行、中行、进出口银行等单位均有代表参加，重点讨论国开行、进出口银行的职能

① 中国人民银行．关于请报送全国金融工作会议专题工作小组成员及联系人的函［Z］．2006-05-22.

定位和业务范围等焦点问题。[①]

各部委代表在一些基本问题上达成了共识，认为巨大的经济社会发展需求不能单靠商业性机制解决，还需要完善政策性机制。要尊重两家银行的发展现状，赋予其新的职能。同时，要明确政策性、开发性两类业务的界限，建立恰当的资本金补充机制。

不过，在职能定位、同业竞争等涉及各方利益的具体问题上，与会者意见迥异，交锋激烈。

有部委代表强调，应准确界定政策性业务，明确政府支持机制，既能够控制风险，又要考虑财政的承受能力。有人提出颠覆性设想，认为目前三家政策性银行各自为战，合作少、效率低，建议合并成立集团公司，下设不同职能的子公司，仍然沿用政策性金融机构的概念。

有的部委代表比较保守，认为政策性银行的业务边界是财政和商业银行之间的中间地带，不能与商业银行竞争，也不能与其他政策性银行竞争，否则就失去了分立的意义；可划分为指令性业务和指导性业务；资本金补充机制可选择财政注资、补贴等财政支持方式。

还有一位代表从审慎监管的角度出发，建议保留政策性银行的属性，避免与商业银行直接竞争，政策性银行之间原则上业务不交叉；如果调整为开发性金融机构，有些重要指标权重也要相应调整；要明确政策性、开发性两类业务的界限，分别设立国家

① 《关于参加政策性银行改革专题座谈会情况汇报》，2006 年 7 月 26 日。

账户和银行账户分类管理，并建立相应的考核、监管机制和补贴机制。

两家商业银行的代表则毫不讳言，国开行的经营理念、管理水平、政府信用、与政府的关系，以及筹资成本低、软贷款等产品的优势，使其不仅在国内，而且在国际上都具有很强的竞争力，这是商业银行学不到的，深感“压力很大”。现在政策性银行与商业银行的竞争越来越多，希望二者要适度分工，在“行业投向”上要有清晰的界定。

进出口银行赞成设立政策性和开发性两类账户，认为政策性银行与商业银行的划分，关键是以贯彻国家政策为第一位，还是以利润最大化为第一位。他们反对政策性银行之间发生业务交叉和竞争，但与商业银行可以有业务交叉，要通过风险约束、资本金约束、市场准入约束来加以限制。

经过讨论，中国人民银行起草了《国有银行改革专题报告》（征求意见稿），明确了国开行的改革要向开发性银行转型，主要特征是国家为主要出资人，注重国家中长期战略，市场运作，主要从事中长期业务，自主经营，自担风险。开发性银行与商业性银行的区别主要体现在出资人的结构、是否体现国家战略意图、贷款期限的长短、是否吸收居民储蓄等方面。

在与商业银行的竞争关系方面，意见稿建议：国开行与商业银行可有一定的业务交叉，开展公平竞争与合作；在保留必要的国家指令性业务的同时，国开行可自主开展中长期金融服务；资本充足率要定在15%以上，建议国家近期向国开行注资（包括外汇资本金）。[①]

对这份征求意见稿，有的部门表示赞同，有的部门再次提出明确的反对意见。分歧主要集中于开发性银行的内涵与职能定位上。

比如，有的部委认为，国外的开发性银行本质上与我国政策性银行职能相同，开发性银行不能作为政策性银行的改革方向；国开行和进出口行要么是政策性银行，要么是商业银行，不能兼具政策性和商业性，政策性银行不能与商业银行竞争；国开行转型为商业性银行后，不再享有国家信用，应利用自身信用实现自主经营、自负盈亏、自担风险。

有的部委则认为，开发性金融的具体内涵难以严格界定，既难以与政策性银行相区分，又难以与商业性银行相区别，现阶段政策性银行向商业银行转型的时机不成熟；应确定国开行的政策性职能定位，避免与商业性机构做"无谓竞争"。

在强烈的反对声中，央行只好对"开发性银行"的提法进行调整，改为"开发性金融机构"。谁知，这依然不能平息各部委的争论，央行不得不相继在后续方案中将此改为"现代金融企业""商业性金融机构"。最后由国务院法制办上报的方案中，竟写上了国开行最不愿看到的结果——"商业银行"，令国开行上下大跌眼镜。

① 参见《国家开发银行办公厅关于〈国有银行改革专题报告〉有关意见的复函》（2006年8月25日）。

第三节　改革偏离预设轨道

如前文所述，尽管国开行高层全力争取、四处游说，改革的方向还是眼睁睁地偏离了他们预设的轨道，南辕北辙地驶向了纯商业化的方向。

2007 年 1 月，第三次全国金融工作会议正式提出“全面推行商业化运作”的改革方向。要求按照分类指导、“一行一策”的改革原则，首先推进国家开发银行改革，按照建立现代金融企业制度的要求，全面推行商业化运作，自主经营、自担风险、自负盈亏，主要从事中长期业务。要按照国际标准和监管要求，全面摸清开发银行的资产质量和风险状况；建立规范的公司治理结构，成立董事会和监事会；严格履行银企合作协议，维护开发银行债权债务的连续性，防范各类风险。

面对这一纸“判决”，国开行真是百般苦涩，万般无奈。

全国金融工作会议后，国家开发银行改革工作小组随之成立，负责研究和推动国开行的改革。小组由中国人民银行牵头，成员单位包括发改委、财政部、国务院法制办、银监会、国开行等。国开行也成立了改革领导小组，陈元任组长，下设机构与人力资源组、清产核资组、政府关系与市场信用组、综合组四个工作小组，研究国内外经验，提出改革具体方案。

方向已定，他们唯一能做的，就是继续游说主管部门，争取将具体的改革诉求注入现有的改革框架内，妥善解决债信、资金来源、公司治理架构等问题。

2007—2008 年，陈元多次带队拜会财政部、中投公司、央行、银监会主要负责人，反映国开行对改革的意见和建议。他们一再表明态度，国开行改革与商业银行的改革不同，改革的跨度大，主要是解决转型中资金来源、运用、循环的商业模式问题。在一定时期内，国开行还是以发债筹资为主，但“新老划断”办法并没有解决新的债券发行问题。因此，需要对债信、资金来源给予转型的制度安排。

他们建议设立控股集团公司，下面分别设立银行、股权投资基金和投资银行公司。控股集团主要承担转型任务，存续国家债信支持，在转型期内继续按照零风险权重发债，为银行子公司提供流动性支持。各家子公司轻装商业化，独立运行并上市。在控股集团的层面，可以存续原有的政府协定业务、敏感的国家业务，并继续谋划和运作像中铝收购力拓这样国际性、战略性重大项目，便于保密和国家调控。

陈元之所以把争取债信政策作为头等大事奔走呼吁，源自债券市场已在一年前给了国开行突如其来的一击。

第四节　摇晃的债信市场

2007 年年初，改革的哨声刚刚吹响，震荡就已经波及敏感的债券市场。

1月30日，国开行在银行间市场招标发行当年第一期5年期200亿元固定利率金融债券，投标量仅比招标量多出0.1亿元，近乎流标！中标利率3.5%，比正常利率约高出40个基点！

自1998年市场化发债以来，这是国开行首次险遭流标，债券发行利率严重偏离市场。而市场上其他债券的发行完全正常。

此消息经多家财经媒体报道，引起轩然大波。市场人士认为，此次债券发行险遭流标主要是受全国金融工作会议传出国开行商业化运作的消息影响，投资人担心国开行改革后债信政策发生变化，对投资国开行债采取了谨慎和观望的态度。

一个关于改革方向的消息，就引起市场如此极端反应，令国开行和有关部门始料未及。

可以预见的是，如若确定取消现有的债信政策，国开行未来的债券发行成本将大幅提高，且不乏“流标”风险。因为一旦金融机构持有开行债会占用资本，并受到授信集中度的约束，他们的认购意愿就会下滑。此前，金融机构投资政策性金融债不占用资本金，也没有授信集中度的约束，所以开行债成为很多机构资产配置中的标配产品。

更恐怖的是，多年的债券发行，使国开行拥有大量债券余额，主要靠滚动发债来还本付息。如果债券销售受阻或利率大幅升高，甚至可能动摇国开行的生存底线，带来系统性风险。

不过，更多的人相信，这应该是一个逐渐过渡的政策安排，不至于不顾风险地“一刀切”。

2007年2月，国开行相继向中国人民银行、银监会、国务院递交报告，恳请有关部门重申债信支持的政策，以保持国开行信用的连续性，维持市场稳定，防范金融风险。

国开行在报告中陈情，当前的国情仍然要靠政府增信来发展可持续的中长期市场，这种政府支持的债信不是补贴，而是与商业银行享有的存款保护相对应的一种政策保障。所以，应维持国开行适用的“商业银行对政策性银行债权的风险权重为0”等相关政策。①

但是，由于国开行的定位尚未明确，各部委对于是否继续予以债信支持各执一词。

一种观点认为，既然让国开行进行商业化运作，就应为其提供开展业务的必要条件，由政策支持发债。中国人民银行的观点是，“对转型后开发银行发行的人民币债券，在2010年我国开始实行《巴塞尔协议Ⅲ》以前，对现行发行管理办法和风险权重的有关政策不做宣示性调整”。②

另外一种观点主张新老划断，已发的1.8万亿元债券，由财政部继续承担国家债信；新发的债分为两部分，在国开行代替政府职能的范围内，财政提供债信支持，超出范围的按照市场办法解决。③

---

① 国家开发银行改革工作小组第一次工作会议纪要（2007年3月30日）。

②《国有独资商业银行股份制改革试点工作领导小组办公室（人民银行）关于上报〈国家开发银行改革实施总体方案〉的请示》（银发〔2007〕136号）。

③ 国家开发银行改革工作小组第一次工作会议纪要（2007年3月30日），《国有独资商业银行股份制改革试点工作领导小组办公室（人民银行）关于上报〈国家开发银行改革实施总体方案〉的请示》。

当争论尚未有结论之际，时间已推移到2008年，金融危机席卷全球，国际评级机构将重新评估国开行债券的信用等级。如果国际评级被降低，国开行的筹资难度和成本都将提高，影响改革平稳进行。

在这至关重要的时刻，陈元带队赴银监会，拜会时任主席刘明康、副主席蔡鄂生，提出国开行债券正面临国际评级机构评估，亟须明确国家债信支持。蔡鄂生表示，可以考虑保持国开行债信到2010年。

此后，国务院决定，鉴于商业化转型的“探索性、实践性和艰巨性”，对国开行的债信予以积极支持，按照“新老划断”原则和逐步过渡方式解决债信问题。公司设立前发行的存量人民币金融债券，风险权重确定为0，直至债券到期。公司设立以后发行的债券，在2010年底以前维持现行风险权重政策不变，2010年以后按市场化原则逐步调整。

但是，作为此番改革中最棘手的问题之一，围绕债信所发生的争议和拉锯还远未结束。

从2010年到2012年，每年向国务院申请债信政策展期竟成了国开行的常规动作。“一年一定”的债信政策如同一把随时可能掉下来的达摩克利斯之剑，困扰着国开行债券的投资者，也为国开行的长远发展投下了一道飘忽不定的阴影。

解决长期债信问题成为关乎国开行生存和发展的关键。为了稳定投资者信心，陈元提出了债信的阶段性目标：近期目标是保持零风险权重不变，中期目标是通过银行柜台和证券交易所面向机构和公众发债，远期目标是风险权重由市场认定。[①]

“关上一扇门总要打开一扇窗，万一失去了主权债信，那也要给国开行一个跟商业银行平等的权利。如果国开行跟商业银行一样可以对居民直接吸收存款，就会形成存款搬家，引起银行恶性竞争。所以债信不是优惠政策，只是一个有效的制度安排。”国开行资金局局长于春玲打了个形象的比方，“整个金融组织架构需要生态的多元化，垄沟里种土豆，垄上种豆角，商业银行和国开行是相互依存的关系。”

第五节　汇金注资200亿美元

汇金注资

建立资本金补充机制是本次改革的核心问题之一。

资本金不足是国内三家政策性银行普遍存在的软肋。按银监会口径，2005年年末，资本充足率最高的国开行为9.15%，低于国外同业；农发行资本充足率为–23.79%，要达到8%的资本充足率，需要补充资本金1435.4亿元；截至2005年9月末，中国进出口银行以风险加权资产计算的资本充足率为–0.11%，远低于世界主要同类机构。

① 国开行领导在第33次领导班子碰头会上的讲话要点（2007年2月12日）。

同时，外汇资本金严重短缺，已成为制约政策性银行外汇融资能力、增加筹资成本的重要因素。2006 年，国开行外汇资本金为 5.62 亿美元，占外汇贷款余额的 0.74%。中国进出口银行的外汇资本金仅为 3.1 亿美元。此外，农发行和进出口行都没有根据贷款五级分类标准提足呆坏账准备金，若提足拨备，恐怕资本净额皆为负数。

更重要的是，资本金短缺会极大地遏制银行的未来发展。

据国开行 2005 年对自身发展规模的测算，从 2006—2010 年的五年，其风险加权资产将分别达到 19768 亿元、23871 亿元、28979 亿元、35341 亿元、43422 亿元。照此测算，如果要维持 8%的资本充足率标准，2007—2010 年分别需补充资本金 136 亿元、474 亿元、882 亿元、1409 亿元；如按 15%的资本充足率计算，2006—2010 年间分别需要补充资本金 1300 亿元、1800 亿元、2500 亿元、3300 亿元、4400 亿元。[①]

而国外开发性银行的资本充足率，尤其是核心资本充足率普遍高于普通商业银行。如 KDB（韩国产业银行）2001 年以来的平均资本充足率在 16%以上，核心资本充足率在 10%以上，分别高于十国集团商业银行 11.2%的资本充足率和 7.3%的核心资本充足率。

为什么开发性银行的资本充足率需要这么高？这与其筹资方式和成本正相关。开发性银行多以发行金融债券为主要筹资方式，

---

① 张涛，卜永祥. 关于中国政策性银行改革的若干问题［J］. 经济学动态，2006（5）：3-11.

资本充足率越高，信用水平就越高，筹资成本也就越低。

2007 年 1 月，国开行正式启动改革方案的研究后，陈元向相关部门明确提出，建议国家注资 2340 亿元（300 亿美元），使国开行在转型初期资本充足率保持在 20% 以上。

但各主管部门的意见显然不尽一致。

在中国人民银行看来，政策性银行改革后，资本充足率应与发展中国家综合类开发银行的资本充足率相当（如韩国产业银行的 16.2%，巴西开发银行的 14.3%），15%~20% 的资本充足率较为理想，建议国家向国开行注资。

银监会也同意，国开行和进出口行的资本充足率原则上应不低于 15%，注资渠道包括中央财政增资、税收返还、地方政府或其他机构参股、社会发债等。

财政部最初认为，国开行转型为商业性银行后，资本充足率已高于 8%，不必再补充新的资本金。后期财政部逐渐转变态度，认同国开行需要注资，以保持较高的资本充足率，但注资数额有待清产核资后再确定。

经过反复磋商，最终确定由中央汇金公司在 2007 年年底前向国开行注资 200 亿美元。这一结论被写入国开行改革总体方案，并获国务院批准。

锁定汇率风险敞口

2007 年 12 月 25 日，时任国开行资金局局长的梁惠江率队赴中央汇金公司、国家外汇管理局储备司，与中央汇金公司总经理谢平等人协商注资方案。

谢平主张，注资的操作办法应比照中行和建行，即中央汇金公司在向国开行注资200亿美元的同时，国开行向国家外汇管理局储备司下达同等金额的外汇投资委托书，待储备司将200亿美元投资逐步变现后，向国开行分批拨付。不过，照此操作，200亿美元的到账日恐怕较长。

为了争取资金早日到位，缓解头寸压力，国开行在与储备司签署的《美元资金拆借协议》中约定，200亿美元拆借资金将在2008年1月至3月分6次到期。问题在于，此次注资的资金为美元，在人民币不断升值的情况下，还需考虑汇率风险。

此前，中央汇金公司向中行、建行、工行注资时，三家银行向其购买了外汇期权交易，以锁定汇率风险。但中央汇金公司不愿照此方法与国开行进行期权交易，而选择作为股东与财政部共同承担汇率风险。

2007年12月30日，临近注资的前一天，国开行接到中国人民银行发来的《注资确认书》，其中注明中央汇金公司注资的200亿美元折合人民币1460.92亿元。这相当于确认了中央汇金公司对国开行美元注资的汇率为7.3046，注资后国开行将直接增加200亿美元的外汇敞口。如照此签署，国开行就没有余地与中央汇金公司进一步协商外汇期权交易，将可能承担全部汇率风险。

梁惠江立刻与中国人民银行沟通，希望可以享受到和以往注资的商业银行相同的待遇。即注资时，交易确认书只明确美元金额，不写人民币金额。如要写人民币金额，则应同时签署相应的外汇期权交易协议，并请中国人民银行就此与中央汇金公司协调。

2007 年 12 月 31 日上午 10 点，国开行改革工作小组副组长、中国人民银行副行长易纲主持召开会议，改革工作小组成员部门及中投公司、中央汇金公司负责人参加，国开行方面由副行长高坚参加。会议讨论了注资问题，但没能就注资汇率损失的处置达成一致。

为了不影响股改进程，国开行只好同意办理注资手续，但要求在注资确认书中注明："国家开发银行外汇资本金的汇率损失问题由国家开发银行股改小组另行研究解决。"

当天，中央汇金公司向国开行注资 200 亿美元（折合人民币 1460.92 亿元），国开行按照《美元资金拆借协议》，将注资资金拆借给国家外汇管理局储备司，完成了注资和资金拆借手续。国开行历史上最大规模的单次注资至此完成。

200 亿美元的汇率风险敞口怎么解决？2008 年 4 月 2 日，高坚召开专题办公会，商定向中国人民银行争取注资金额 3% 的期权费。但 2008 年人民币正处于快速升值通道，市场对人民币的年度升值预期达到 7%~10%，中国人民银行不同意国开行提出的期权费。

为争取在股改前解决外汇资本金汇率敞口，国开行随后提出了多个方案，包括向中央汇金公司购买外汇期权，向中国人民银行申请结汇并办理外汇掉期，等等。但由于涉及财政部、中国人民银行、中央汇金公司多方，屡次协商也未能达成一致。此事一度陷入僵局。

转机发生在2008年9月。当时，汇金拟注资中国农业银行，帮助其完成股份制改革。于是，国开行找到农业银行交流汇率敞口解决方法。农业银行建议他们借鉴自己用共管基金解决不良贷款损失的方法。

农业银行受财政部委托，对剥离的全部不良资产及对应的表外应收利息进行管理和清收处置，并收取手续费。所谓共管基金，就是农行与财政部共同设立，用于农行应收财政部款项本息的支付。偿还来源是财政部作为股东的分红、农行每年的所得税、国有股本减持的溢价收入等。

这个妙招启发了高坚等人，他们决定联合农业银行，共同争取共管基金。

2008年10月6日，中国人民银行约请财政部、银监会、中投公司和国开行共同研究国家开发银行股份公司的设立。各方最终同意其外汇注资的汇兑损失纳入“共管基金”处置。

2009年1月，财政部向国开行下发通知，明确200亿美元外汇资本金自2007年12月31日至2008年10月31日形成的汇兑损失95.76亿元，由国开行承担43.83亿元，其余51.93亿元纳入共管基金。

第十三章　穿越改革的坚壁

提要　2008年12月中旬，国开行设立股份公司的消息占据了各大财经媒体的头条位置，财政部和中央汇金公司成为国开行股东。纯国有银行身份未变，但国开行的商业化改革进入了深水区。更多敏感的、触及核心利益的挑战汹涌而来，像一个又一个旋涡，将国开行裹挟其中。

第一节　国开行股份公司成立

清产核资亮家底

按照既定的程序，国开行将改制为国家开发银行股份公司，并建构现代公司治理结构。第一道程序是清产核资，摸清家底。

这个举动，意外地成为国开行完美展现自己业绩的机会。

2007年，国开行聘请的德勤、普华永道等会计师事务所完成了一次全面审查。2008年，应财政部要求，国开行又以2007年年底为基期进行了专项审计和资产评估。

资产评估报告显示：截至2007年底，国开行净资产3453.37亿元，评估增值率3.94%；累计为国家创造价值2784亿元，其中新创造国家权益1492亿元；纳税合计837亿元，计提专项准备455亿元。与成立时的500亿元实收资本相比，国开行使国有资本增值了5.6倍。

这份漂亮的成绩单，足以颠覆市场对政策性银行保本微利甚至是亏损大户的印象，足以反驳关于国开行资产质量的质疑。尤其让国开行人骄傲的是，在这轮改制中，国开行没有剥离一分钱不良资产，没给国家增加任何负担。而2004年和2005年，工行、中行、建行、交行在股份制改造中都再次剥离了几百亿至几千亿不等的不良贷款。

2008年9月和11月，中国人民银行、财政部分别批复国开行财务重组方案，确定财政部和中央汇金投资公司共同发起设立国家开发银行股份有限公司。其中财政部持有1539.08亿股，占总股本的51.3%，中央汇金投资公司持有1460.92亿股，占总股本的48.7%，股份性质均为国家股。①

2008年9月23日，中共中央组织部宣布了陈元任国开行董

① 摘自《财政部关于国家开发银行国有股权管理方案的批复》（财金〔2008〕143号）。

事长、党委书记，蒋超良任副董事长、党委副书记。时年51岁的蒋超良原是交通银行董事长和党委书记，是以精明强悍著称的银行家。其在任的四年间，推动交通银行完成了财务重组和股份制改革，引进了汇丰银行作为战略投资者，并在香港和上海两地证券交易所成功上市。

紧锣密鼓的筹备之后，2008年12月16日，国开行股份有限公司在北京阜成门外大街29号的国家开发银行大厦召开了成立大会，200多位金融界人士见证了这一时刻。

取消软贷款

股份公司成立后，改革进入了深水区，一些超乎预期的变故紧随而来。

2008年，有关部门有意叫停国开行软贷款，这对国开行来说非常不妙。在国开行十多年的发展史中，软贷款、技援贷款等业务如影随形，为"两基一支"项目的建设立下了汗马功劳，也为捉襟见肘的地方政府降低了融资成本。但是，当许多中长期项目脱离了无人问津的时代，成为各家商业银行争先上马的热门后，软贷款就渐渐为人所诟病，被指为"不正当竞争"的手段，其去留也成为改革中的一个热点。

所谓软贷款，是把国开行的注册资本金以长期优惠贷款的方式，贷给国家控股公司和中央企业集团，由他们对项目进行参股、控股。软贷款作为第一笔杠杆资金将项目撬动起来后，常规的硬贷款随之跟进，整个项目也就运转起来。

软贷款是国内唯一能做股本的贷款，而且利率低，一般比其他商业银行同期利率下浮 10%；它的偿还时间长，贷款期限一般为 20~25 年，还设有宽限期，宽限期一般为 5~7 年，最长不超过 10 年。在这段时间，只需支付利息或服务费。

软贷款的范围后来扩展到了地方融资平台，令国开行与地方政府的合作更加如鱼得水。一种常见的模式是，国开行先贷款给地方融资平台，融资平台在本地选择一批有实力的担保公司，利用贷款为其注资，从而放大担保倍数。企业获得担保后，可进一步获得国开行的“硬贷款”，或者其他金融机构的贷款。这一模式又被形象地称为“软硬兼施”。

“地方政府之所以和国开行一拍即合，也是由于大部分地方政府财政捉襟见肘。按照《预算法》规定，地方政府不能发债，国开行安排的这种长期贷款相当于给地方政府的长期债券。某种意义上，这种安排的确弥补了市场缺陷。”国家发改委财政金融研究室主任宋立指出。[①] 很多地方政府还成立了由地方主要领导挂帅的争取软贷款的工作小组，专门对接国开行的软贷款。

1994 年至 2009 年间，国开行累计发放软贷款 4481 亿元，支持了石油、石化、煤炭、电力、公路、港口、通信等行业的一大批国家和地方重大项目建设。首钢搬迁、天津滨海新区建设、北京奥运“鸟巢”、苏州工业园区、辽宁“五点一线”等国家重点建设项目，软贷款都扮演了“种子资金”的角色，是启动项目的

① 张宇哲．新版国开行［J］．财经，2007（1）．

一支重要杠杆。

但是，软贷款实际上是脱离于商业银行的通行规则——《贷款通则》之外的。《贷款通则》规定，借款人不得用贷款从事股本权益性投资。唯独国开行等政策性银行不受约束，这就使其在开拓市场、争取高端客户方面势如破竹，在同业竞争中占尽优势。

商业银行自然大为不满，在软贷款这个“独门武器”面前，它们几乎毫无招架之力。除了期限长、利率低、可作为项目资本金，借款人还往往被要求其他贷款也优先使用国开行的。有时，还有借款人将软贷款用于置换其他银行前期进入的利率较高且未到期的信贷资金，对商业银行的贷款产生了明显的“挤出效应”。

为此，监管部门没少收到商业银行的投诉。银监会有关人士认为，软贷款实际上降低了借款人自有资金的投入，客观上造成了与商业银行的不公平竞争。

监管部门试图叫停软贷款的另一个重要原因是担心风险。2007 年 6 月，审计署对国开行进行了成立以来的第一次审计，审计发现的问题 80% 都与软贷款有关。

此外，银监会调研发现，国开行内部的软贷款管理办法与国务院的有关规定相比，对资金来源、用途、期限、贷款比例等也有所放宽。软贷款已不仅是对注册资本金的运用，而且扩展到对核心资本、附属资本和发行的 10 年期以上长期金融债券所筹集资金的运用。部分软贷款被用于地方政府融资平台的增信、重组地方金融机构和证券公司、注资地方中小企业信用担保机构等。[①]

2008 年 12 月 7 日，银监会批复国开行设立股份有限公司，业务范围中取消了软贷款业务。

第二节 引入战略投资者

国开行股份有限公司创立后，市场对于国开行改革的关注焦点，迅速转移到解决资金来源以及引入战略投资者上面。

此前，建设银行、中国银行、工商银行三家国有商业银行的改革已经形成一个套路：财务重组、引入战略投资者、上市。因此，人们自然而然地认为，转制为股份有限公司的国家开发银行，也会重复这个套路。

实际上，引入战略投资者的方案早在改革酝酿之初，就已进入国开行高层的视野。2008 年 3 月，陈元带队密集拜会财政部、中投公司、中国人民银行、银监会主要负责人时就曾提出，国开行改革也要引进一些战略投资者，主要不是寻找财务投资，而是谋求长期、战略性合作，以促进改革转型。

但国开行想要引入的战略投资者与其他国有银行最大的不同是，基本不考虑引入外资机构。

陈元曾提出，引资对象主要包括三类：一是国内的大型金融

① 孙铭．国开行软贷款“冷冻”［N］.21 世纪经济报道，2008-10-11.

机构，如社保基金、人寿以及中型的银行等；二是重点行业中的龙头企业，如电力、石油、矿业等；三是地方的一些大企业。而中国银行、建设银行、工商银行等无一例外引入了国外金融机构作为战略投资者。

国务院批复的国开行改革方案亦写明，国开行引入的战略投资者必须是国有企业。“这对国家的战略实施有好处”，国开行董秘陈民认为。国开行向来以服务国家中长期战略为己任，是名副其实的“国家队”。从国家战略项目的保密性而言，国开行也不宜引入境外战略投资者。

相比而言，全国社保基金显然是较优的长期合作伙伴。截至2007年年底，成立8年的社保基金管理的基金总规模高达8568亿元，且投资周期较长，适合作为长期的战略投资者。此前，社保基金已入股三家国有商业银行，持有交行11.34%的H股、工行4.2%的H股和中行3.3%的H股。

另外，社保基金是明显的风险厌恶型投资者，以投资安全性和流动性为基本原则。而国开行连续数年不良贷款率低于1%，盈利良好，是少有的资产干净且优质的银行，与社保基金保值增值的目标相契合。

社保基金的高层也意识到，这项合作无疑是双赢的选择。2008年10月，全国社保基金理事长戴相龙在出席夏季达沃斯论坛年会时公开表态，社保基金将入股国开行。

2010年4月27日，国开行宣布，社保基金出资100亿元战略入股国开行，持股比例为2.19%。

依照其他国有银行改革的惯例，国开行改制为股份公司并引资后，下一步就是公开上市。但目前看来，这条道路暂时并不适合国开行。一位国开行高层人士表示，国开行的“国家队”角色决定了其不适合整体上市，否则，无法保障一些国家战略性项目的保密性。

第十四章　构建综合金融蓝图

提要　在分业经营、分业监管的格局下，综合金融牌照是一些金融机构可望而不可即的梦想。而国开行本轮改革的最大收获，莫过于获准建立“一拖二”的组织架构，设立两家专门从事股权投资和证券业务的子公司，从而成为一家真正的综合性金融机构。

第一节　终获综合金融牌照

综合经营的前世今生

如果论及国开行此轮改革最令同业艳羡的成果，当属集银行、证券和股权投资于一身的综合金融牌照。

2008 年 2 月和 6 月，国务院先后批准了国开行改革总体方案和具体实施方案，要求国开行从政策性金融机构转型为商业银行。国开行开始实行“一拖二”的组织架构，设立两家子公司，分别从事股权投资和证券业务，即此后成立的国开金融和国开证券。

至此，国开行拿到了一块宝贵的综合金融牌照，这是许多金融机构梦寐以求的目标。

回顾中国金融业近30年的历史，关于综合经营与分业经营的实践、争论如草蛇灰线贯穿始终，似乎应了“合久必分，分久必合”的老话。

1984—1992年，中国金融业在蒙昧初开的状态中，经历了第一轮综合经营。

20世纪80年代上半叶，中国人民银行刚刚摆脱经营任务，专职货币政策的制订与执行，工商银行、农业银行、中国银行、建设银行四大专业银行成立，分别面向城市工商、农村、外汇和基本建设等领域各司其职。这是计划经济向市场经济转轨时代的特殊产物，金融市场被人为切割，市场竞争不足，金融服务效率也很低。

为了改变这种状况，理论界提出，应在专业化银行中实行业务交叉，扩大银行的信用种类和方式。这时，交通银行、中信实业银行等综合性银行相继成立，银行开始开办信托公司，开展证券业务，从而形成了早期的综合经营格局。

到90年代初期，通货膨胀出现，金融风险危机四伏，人们开始反省综合经营的利弊，理论界提出“金融体系需要实行分业经营和分业管理”。1993年，国务院出台了《关于金融体制改革的决定》，确定金融分业经营方针。1995年，《中国人民银行法》、《商业银行法》和《保险法》相继颁布，奠定了金融业分业经营的格局。

1992年，中国证券监督管理委员会成立，专司证券行业的监管。六年后，中国保险业监督管理委员会成立，金融业分业监管格局由此正式形成。

仅仅一年后，分业经营的风向又发生了变化。1999年，美国公布《金融服务现代化法案》，西方主要国家限制综合经营的最后一道藩篱被拆除。而中国也在这一年掀起了加入WTO的讨论热潮，理论和实务界开始探讨金融综合经营。政府和监管机构逐步调整分业经营制度，以促进金融体系对外开放。

2005年10月，《中共中央关于制订国民经济和社会发展第十一个五年规划的建议》明确提出“稳步推进金融业综合经营试点”，标志着中国对金融业综合经营的实践正式启动。

2008年1月，银监会和保监会签署《关于加强银保深层次合作和跨业监管合作谅解备忘录》，以提高跨业监管的有效性，推进银行与保险之间的深层次合作。证监会提出综合经营试点政策，采取试点先行、个案审批的方式，允许符合条件的商业银行、保险公司、证券公司间相互参股。

一个月后，中共中央编制的《金融业发展和改革“十一五”规划》再次提出“稳步推进金融业综合经营试点”，鼓励金融机构通过设立金融控股公司、交叉销售、相互代理等多种形式，开发跨市场、跨机构、跨产品的金融业务，提高金融市场配置资源的整体效率。

虽然综合经营的步伐停滞了数年，但作为早期金融综合经营试点的中信银行和交通银行，此时已形成了较为完整的经营框架，代表了国际上盛行的两种综合经营模式，即金融控股公司模式和银行（保险）控股模式。

中信银行设立了专门的金融控股公司，母公司不经营具体业务，专注于管理职能；中信集团下设金融服务业和投资控股公司两大业务板块，拥有银行、证券、信托、保险、基金、资产管理、期货等门类齐全的金融业务。这类模式在国际上的著名案例是花旗银行和美国银行。

交通银行由银行作为母公司，拥有全资的交银保险公司、交银金融租赁公司、交银国际控股公司，以及绝对控股的交银施罗德基金管理公司、交银国际信托公司。

此外，2006 年和 2008 年，国务院先后批准设立银河金融控股公司和光大金融控股公司。经过多年摸索，光大集团、平安集团等已发展成为实质性的金融控股公司。一些地方政府主导的管理地方国有金融资产的公司相继组建，如上海国际集团、天津泰达集团等，也成为具有代表性的金融控股公司。①

中国银行原董事长肖钢曾撰文，将国内的综合经营模式分为五类：一是以商业银行为主体的综合经营模式，依托银行的客户资源、渠道资源和管理资源，以银行的业务单元或非银行子公

① 宣昌能．稳步推进金融业综合经营试点［EB/OL］．中国银监会网站，2011-03-11.

司的形式提供多元金融服务；二是以非银行金融机构为主体的综合经营模式，银行业务不是主要的收入来源；三是纯粹的金融控股集团模式，通过不同类别的子公司提供多元金融服务和其他非金融业务，母公司通常不从事具体的业务，主要职责是对旗下的机构进行统一的管理；四是以产业为核心的综合经营模式，工商企业集团通过内部设立、入股等方式进入金融领域，开展金融业务；五是地方政府主导的地方金融控股集团模式，政府对城市商业银行、信托公司、证券公司进行重组，成立的机构从事综合经营业务。①

无论何种模式，其综合经营的优势无非三种：规模效应、范围效应和协同效应。银行、保险、信托、租赁、证券、投资等各类金融产品的交叉，使商业银行演变成金融超市，使其在满足客户需求方面具有单一金融机构无可比拟的优势。同时，还可将固定成本分摊到更广泛的产品上，实现较低的边际销售成本，发挥财务现金流上的协同效应，从而提高经营效率和盈利能力。

也正是因为不同金融产品的交叉，使得综合经营的风险具有更强的隐蔽性、传染性和破坏性。一方面，衡量单个金融机构风险的指标不适用于衡量综合经营金融机构，其潜在风险难以被发现，需要监管部门更有针对性地制订监管政策。另一方面，通过资本纽带连接的综合经营金融机构，任何一个环节出现问题，风险都可能迅速扩散，对整个金融机构产生严重破坏。

① 肖钢.后危机时代金融业综合经营的几个问题［J］.中国金融，2011（12）：9-11.

不过，2008年的全球金融海啸，又让人们对综合金融机构的风险抵御能力有了新的认知。

在此次危机中，华尔街主要单一投资银行全军覆没：雷曼兄弟破产，美林被美国银行收购，高盛和摩根士丹利转型为银行控股公司。而美国的主要商业银行却避免了覆巢之险：J.P.摩根在金融危机中发展不错；花旗尽管问题多多，但没有倒下；美国银行兼并美林后正准备进军华尔街的金融投资业务；汇丰、德意志银行等综合经营集团受到的冲击也比较小。

这似乎表明，综合性银行抵御金融危机的能力比单一的金融公司强，综合经营仍是金融业主流发展趋势。

跨越信贷与资本市场

综合金融牌照对国开行而言，并非从天而降的幸运，而是十余年厚积薄发、顺势而为的结果。

早在1998年，国务院总理朱镕基就希望"把国开行办成国际一流的投资银行"，后因时机不成熟未能付诸实施。但综合经营的种子从此埋进国开行血脉中，成为一种挥之不去的基因。

从这一年起，国开行开始了在股权投资和债券承销两个领域的探索。1998年1月，国开行投资了我国第一只中外合作产业基金——中瑞基金，旨在为中瑞中小企业间的合资项目和其他合作提供融资。基金总规模6250万瑞士法郎，其中瑞士经济事务总局占基金股份的70%，开发银行占基金股份的30%。

从此，国开行站上了国内基金业的前沿阵地。历数1998年初到2008年底的11年，国开行先后投资了11只基金，出资额达到97.64亿元。由此形成了中外合作基金、产业基金、创投基金三大系列，树立了自己的基金业务品牌。

这是一份让整个金融业都刮目相看的华丽目录：2002年，国开行首次投资股权基金管理公司——中瑞创业投资基金管理公司；2003—2005年相继投资了东盟、中比基金；2005年，通过转股期权向苏州创投发放了软贷款；2006年，国开行投资了国内首只产业基金——渤海产业投资基金；2007年，设立了中非基金、中意曼达林、中以华亿基金；2008年，设立了中信远景、开投、新开发、开信等基金。至2009年12月国开金融成立，全部基金业务划转至国开金融。

在基金业务之外，1999年，国开行获批开展财务顾问服务，为企业筹资和改善管理出谋划策。同一年，国开行以承销三峡债为契机，向国务院争取企业债券承销资格，第二年即获批。甫一进入债券承销领域，国开行就迅速竖起了创新的旗帜，以接连不断的产品创新引领整个债券市场的发展。例如，第一次运用"簿记建档"方式成功发行"01广核债"；创新由12家发行人共同发债的捆绑发行品种"03高新债"；创新首只以SHIBOR（上海银行间同业拆放利率）为基准的企业债券"07中化债"；等等。

通过十几年的努力，国开行从单一的债券发行机构，发展成了国内唯一具备债券发行、承销、做市、资产证券化的全功能债券银行。在债券承销领域，国开行又是唯一具有企业债券、中期票据、短期融资券、政府支持机构债券等承销资格牌照的银行类机构。全牌照债券银行不仅是业务功能的拓展，更有助于国开行打通信贷市场与资本市场，提升综合实力。

如果说基金投资是国开行主动而为的成果，那么由债转股而来的直接投资就是一种被动投资，亦给国开行带来小小的收成。

1999年，伴随着信达、华融、东方、长城四大资产管理公司的组建，国有银行开始为国有大中型企业“脱贫”展开债权转股权的大转移。债转股虽为平价转移，但实际上是将债务风险从企业转嫁给了银行，如处置不当，可能给银行带来难以预估的巨大损失。从另一方面看，转股资产多为不良资产，操作得当，也可盘活银行的不良资产。

国开行没有像四大行那样成立对口的资产管理公司，而主要采取自我消化的方式。除了向信达资产管理公司剥离165个项目、总额608亿元的债权外，国开行对原国家经贸委推荐的601户债转股企业进行筛选、评审，最终对其中36个企业实施了债转股，额度约为439亿元。

这36个债转股企业的名单里，不乏中石油、中石化、中国铝业等大型垄断企业。但在1999年前后，这些企业大多处于经营困境中，甚至无力支付利息，债转股之前已向银行申请“停息挂账”。为了帮助它们“脱困”，国开行不得不对其实行债转股。

出乎所有人意料，这些企业在其后的十余年间，迅速“脱贫致富”，成为国内最赚钱的企业。可是，未及享受后期丰厚的股权收益，国开行早早地将中石油、中石化的股权平价转回了债权。

“在债转股那个时点看，这些国企都快不行了，连贷款都还不起了，所以才债转股。我们虽然也是走在资本市场的前端，但真的没有想到经济发展和国有企业改革的进展如此之快。”资金局局长于春玲回忆起这段往事，依然唏嘘不已，备感遗憾。

当然，国开行也在其中小有收获。以中铝股份为例，2001 年 9 月，国开行对其债转股 6.9084 亿元，股权占比 4.1%。但公司很快从“垃圾股”变成了“绩优股”，十余年里，向国开行累计分红 6.1 亿元，已接近债转股成本。

2001 年 12 月 11 日和 12 日，中铝股份在纽约证券交易所和香港联合交易所挂牌上市。2006 年 4 月 30 日，又在上海证券交易所上市。按照开盘当日的收盘价测算，国开行的股权投资已从 6.0984 亿元大幅增值到 102.7194 亿元，溢价近 17 倍！

在投资收益之外，中铝股份对国开行还有另一重价值。它是国开行持有的第一只流通股，意味着国开行在银行业务之外，拥有了投资功能，为以后拓展投资业务打下了基础。

备受媒体关注的投资案例是 2007 年 7 月，国开行对英国巴克莱银行的股权投资。受巴克莱邀请，国开行以 14.5 亿英镑投资其 2.01 亿普通股股权，达到约 3% 的控股比例，同时获得了 1 个董事席位。

这一年，巴基斯坦领导人多次向我国领导人提出设立中巴公司，以促进双边经济合作，国开行便与巴基斯坦财政部设立了中巴公司。公司注册资本 2 亿美元，双方各持股 50%。公司在财务和管理上独立自主，自负盈亏，主要经营股权投资业务，开展银行和投行业务等。

2008 年 5 月，国开行的综合金融版图扩展到了金融租赁业。通过重组深圳金融租赁公司，国开行改组成立了国银金融租赁有限公司，从而控股了国内注册资本最大的金融租赁公司。2012 年 2 月，国银租赁资产规模在国内同业率先突破 1000 亿元，成为金融租赁行业的一次重大跨越。

从 1998 年到 2008 年底的 11 年间，国开行的股权投资达到 563.64 亿元，成为国内银行业的翘楚，初步形成涵盖基金、公司、银行、租赁的投资格局。在投行业务方面，国开行参与承销的债券接近 200 只，名列主承销企业第一位。

这样的业务发展格局，使得有关部门在设计国开行改革方案时，无法漠视其在综合经营中取得的显著成果，给予综合经营牌照也就水到渠成了。

2009 年 8 月，国开行出资 350 亿元设立了国开金融，主要开展私募股权基金、直接投资、投资咨询和财务顾问等业务。国开金融承接了国开行 28 个非金融类存量股权项目，账面净值 191 亿元。

2010 年 2 月，国开行出资 11.5 亿元，收购航空证券 100% 股权，拿到一块极其稀缺、弥足珍贵的投行牌照。在此基础上，国开行设立了国开证券，开展证券承销、证券经纪、证券投资咨询等投行业务。

国开金融、国开证券的设立，标志着国开行搭建起“一拖二”的战略架构，一个涵盖银行、证券、投资、租赁多业务板块的金融综合集团雏形至此形成。

母子公司协同发展

从以银行为主体的单一金融机构过渡到综合性金融机构，势必要整合不同子公司的行业优势，共享客户资源，以降低经营成本，提高市场竞争力。

国内金融业中已有混业先例。据银监会统计，工商银行、建设银行设立的基金公司55%以上的销售额通过银行网点实现，最高的占比达到92%。平安集团收购深圳商业银行并将其重组为平安银行后，通过寿险业务渠道协同交叉销售信用卡，仅两年时间发卡就突破300万张，活卡率达到70%以上。平安集团还建立了统一的综合金融后援平台，在2009年保费规模较2007年增长69.65%的情况下，运营成本下降29.30%。[①]

国开行的综合金融服务功能已延伸到了信贷、债券、投资、投资银行和金融租赁，即国开行人耳熟能详的“投、贷、债、租、证”。关键在于，各子公司是相对独立的法人主体，都有自己的利益诉求，如何平衡各方面的能力和需求，使母子公司最大限度地共享资源和收益？国开行亟须建立一套业务制度和流程，以推进母子公司之间的对接。

2008年，市场与投资局制订了《子公司管理意见》，从股权、业务、风险、财务、人事等方面，将子公司纳入统一管理。2009年，他们又制订了《协同发展指导意见》，试图建立一套全流程协同

---

① 宣昌能．稳步推进金融业综合经营试点［EB/OL］．中国银监会网站，2011-03-11.

工作体系，将发展战略、经营计划、项目开发、审议决策以及后续管理与支持保障等环节纳入到统一流程中，形成母子公司协同发展的机制。

相对于成立时间还不长的子公司，银行的分行遍布全国，且掌握了大量的客户资源，自然担当着主要的资源输出方。初期的协同业务发展中，相当程度上要依靠分行开发项目，共同维护客户资源。这样，也有助于成长期的子公司以最快的速度、最低的成本壮大。在此过程中，市场与投资局是至关重要的协调牵头者，尽可能减少不同利益主体之间的摩擦。

市场与投资局局长张宝荣介绍："各子公司能做什么，能做多大规模，希望分行给它开发什么样的客户，我们在了解各方面的需求以后，每年都会制订一个指导意见，确定当年协同发展的目标是什么，重点是什么，各个子公司、不同地区的需求是什么，便于各个主体协同合作。"

分行除了配合子公司满足客户贷款以外的需求，还被要求主动开发客户在租赁、债券承销、财务顾问等方面的需求，完成综合营销。

在综合营销体系背后，有一套考核机制来调动分行和子公司的积极性，包括协同项目的开发数、协同业务到位的资金额、通过子公司实现的中间业务收入等等。每个分行和子公司都有综合营销的任务，只是根据业务特点和发展程度，会有不同的比例要求。例如，中非发展基金的协同业务在全部业务中的占比指标就会比较高。

为了实现资源共享，总行设立了一个项目库，分行开发的项目、子公司的方案都汇集在库里。市场与投资局会选择重点项目，分送给分行，由分行进行评估、论证，并协调子公司参与到项目中，从而实现全行资源、利益的最大化。

为了借鉴同行的经验，国开行还对工、农、中、建等银行的营销方式进行调研和剖析。然后结合自己综合营销的典型案例，提出“母子公司协同，前中后台配合，特色产品带动，业务统筹推进”的营销模式，向重点客户提供“多产品、一站式”服务。

这套协同发展机制慢慢释放出效果：投资、租赁业务得到分行的项目推荐，同时又带动了银行的信贷规模；把子公司的闲置资金投入到信贷项目中，既缓解了贷款规模压力，又提高了子公司资金的利用效率；租赁项目筹备的资金可以用作客户项目建设的资本金，带来3倍以上的项目贷款空间，提升客户贡献度。

仅2009年和2010年，由分行和子公司共同开发的协同项目就有212个，协同项目资金到位368亿元，通过信托、证券化等方式引导子公司满足重点客户的资金需求达564亿元。

母子公司发挥“投、贷、债、租、证”金融全牌照优势，推动综合金融服务的经典案例莫过于国开行与湖南省政府的一系列战略合作。

2007年，长株潭城市群被国务院批准为“两型”社会建设综合改革试验区，资金需求量巨大，政府的财政投入远不能满足发展要求。据初步测算，从2010—2020年的总缺口为4万亿元，迫切需要全方位的金融服务。

国开行湖南分行发现了这一巨大的市场契机，马上与湖南省"两型"办公室接触，商讨设立长株潭开元"两型"城市发展基金，并向湖南省政府提交了草案。湖南省有关领导闻之甚喜，立即致信陈元董事长，并表示："湖南省人民政府将给予全力支持，出台相关政策，建立基金盈利和退出保障机制，争取双方早日签订合作协议，尽快组建基金公司并投入运营。"

2010 年 9 月 6 日，在陈元和湖南省委书记周强的见证下，国开行与湖南省政府签署了《长株潭开元"两型"城市发展基金合作投资战略协议》，宣告"两型"基金的设立取得实质性进展。

2011 年 4 月 15 日，在蒋超良行长和徐守盛省长共同出席的国开行与湖南省政府高层联席会议上，双方签订了总额达 588 亿元的一揽子金融服务协议，囊括了国开行综合经营中"投、贷、债、证、租"的所有金融工具。

尽管有了一些成功案例，但和其他同业一样，国开行在综合经营方面依然面临很多困惑和挑战。比如，在项目资源的分配和共享方面，怎样让分行和子公司互相理解和配合？对子公司到底要用什么样的力度去管理？张宝荣打了一个比方："母公司对子公司的期望值比较高，这就像是母亲的期望和成长的烦恼。"

除了协调分行与子公司，还需与非全资子公司的其他股东协调，项目资源能不能共享，业务合作能不能展开，往往需要多方股东达成一致意见后才能成行，这也增加了协同的难度。

第二节 国开金融：围猎股权投资的大腕

2009年8月，国家开发银行投资350亿元现金，成立了第一家从事直接投资、私募股权基金及财务顾问业务的全资子公司——国开金融，这也是国内第一家具有人民币直接投资牌照的银行系投资公司。

虽然机构是全新的，但背靠母公司国开行，国开金融成立之初就已拥有了一批优质的投资项目和专业的投资队伍。

国开行堪称国内PE（私募股权基金）行业的开创者之一，是国内参与发起设立PE时间最早、层次最高、数量最多的金融机构。从1998年设立国内第一只产业投资基金——中瑞基金起，国开行已在中国基金市场驰骋十余年，到2011年中，已投资管理18只基金，基金总规模超过500亿元。国开金融成立之时，国开行便把中非、中比、中瑞等共11只基金以及尚未处置完毕的债转股项目划转给国开金融，总额191亿元。

国开金融将自己定位于具有开发性金融特点的国家级投资平台和一流的资产管理机构，突出在国家重大专项基金中的引领和战略作用，通过市场化运作，实现战略性和盈利性的有机统一。业务板块分为五个：新型城镇化、产业投资、海外投资、基金业务以及集成电路产业。而国开金融的核心经营理念也几经演变，成立之初比较重视规模，如今则更重视投资收益。

从"被募资"到"去募资"

成立不久，国开金融就给自己进行了一次重要的角色定位：从"被动基金投资人"向"主动基金投资和管理人"转变，即从"被募资"转变为"去募资"。国开金融内部将其比喻为从"食草动物"向"食肉动物"转变。与此相对应的就是2009年年底，与苏州创投集团共同发起设立国内第一只国家级市场化运作的母基金——国创母基金。

这支被媒体称为"超重量级"的人民币基金总规模600亿元，期限12年，主要投资于国内优秀团队管理的人民币基金，是目前国内规模最大、层级最高的母基金。基金首期资金150亿元，分为PE和VC（风险投资）两个板块，由国开金融和苏州创投分别依托国开行和苏州工业园区政府发起设立。其中，PE板块规模为100亿元，国开金融承诺出资50亿元；VC板块规模为50亿元，苏州工业园区政府承诺出资30亿元。

国创母基金的设立填补了国内股权投资基金产业链的空白。清科集团创始人倪正东对这只基金评价很高："国创母基金的成立，意义堪比2009年创业板正式推出。"他认为，创业板意味着PE退出渠道更通畅，而母基金的示范作用在于解决资金来源问题，这是决定PE生死的两件大事。[①]

一位投行业人士评价，600亿资金通过母基金的方式投入运

---

① 杨杨.国开行商业化试水600亿元国创母基金成立［N］.21世纪经济报道，2011-01-05.

作，会带来很大的杠杆效益，仅银行信贷资金就至少可以撬动2倍以上，达到千亿。被投资企业若能成功登陆资本市场，又会带来上千亿元的融资规模。

国创母基金筹划之初，就明确了纯市场化的投资和运作模式，核心目标就是以科学方法精选优质资产，以商业化原则开展投资，为投资人创造良好的财务回报。为实现这一目标，国开金融建立了一套独有的基金投资评估体系。他们将对私募股权基金的评估划分为超过30个一级和二级指标，对于每个拟投子基金都对照指标逐一验证核实，针对每只子基金都会列出超过100个问题的尽职调查清单。这套体系后来也被国内其他投资机构借鉴，成为业内教科书式的投资典范。[①]

在私募股权领域扮演LP（有限合伙人）角色的同时，国开金融还不断在直投业务领域展开新的“围猎”：设立开发机制，发掘投资机会，精收各路项目。成立伊始的2009年12月18日，国开金融就完成了第一个直投项目——投资中节能风电公司，这也是国开金融第一个Pre-IPO项目、第一个投贷协同项目、第一个新能源项目。

2012年年底，国开金融发起设立国开投资发展系列基金，采用平行基金架构，分设国开厚德、国开精诚、国开瑞明及国开思远四只基金，共募集社会资本182.9亿元人民币，涉及北京首都农业集团、海南航空等知名企业。

---

① 秦嘉敏，陆玲．国开金融副总裁邓爽：和时间做朋友，靠“口碑”吃饭[N].财经，2017-6-12.

基金投资领域包括新型城镇化、综合金融、交通、水利等多个行业，区别于一般市场基金通常采取直接股权投资方式，管理团队结合国开金融及国开行的业务优势，采取夹层投资、私募股权、城镇开发等多种产品开展基金投资，既降低了投资风险，又能获取较好收益。

在 PE 母基金一期投资的 15 个项目中，不乏知名度极高的明星企业，令众多投资机构艳羡不已。例如，2012 年投资阿里巴巴，2015 年和 2016 年相继参与了蚂蚁金服的首轮和 B 轮融资，此外还有顺丰控股、IMAX 中国、新世纪儿童医院、金域检验等明星项目。这些投资的浮盈均极高。

“我们的投资并非追逐热点，而是建立在扎实和严谨研究基础上的资产配置和战略性布局。基于对互联网、医疗、物流等新兴产业的战略判断，我们对红杉、君联、金沙江设立的多期基金进行了持续的投资，在阿里巴巴、顺丰发展的关键节点提供了股权资金支持。在投资完成后，我们为其引入国家开发银行的资金和品牌优势，陪伴其成长和发展，见证它们成为国内外领先的明星投资机构和世界知名的产业巨头。”国开金融副总裁邓爽接受媒体采访时不无骄傲地说。①

凭借良好业绩和与投资人在项目资源方面的良好互动，2016 年，国创母基金二期发起设立时，吸引了众多一期基金投资人的再次投资，国创开元 PE 母基金二期和国创元禾 VC 母基金二期

---

① 秦嘉敏，陆玲 . 国开金融副总裁邓爽：和时间做朋友，靠“口碑”吃饭 [N]. 财经，2017-6-12.

募集总规模在 2017 年 5 月已分别达到 150 亿元和 50 亿元。

作为国开行旗下品牌，国开金融的另一大特色，是国内多双边合作基金投资管理的第一大机构，延续了国开行服务国家外交与投资合作战略的传统。截至 2017 年，他们投资管理着 18 支多双边合作基金，对外承诺投资金额约 470 亿元人民币。

15 支多双边合作基金，加上 600 亿元的母基金和国开投资发展系列基金，至 2017 年 5 月，国开金融已投资和管理了超过 100 支基金，基金总规模超过 5000 亿元人民币。

国开金融涉猎的规模最大的基金，则数国家集成电路产业投资基金，又叫大基金。大基金设立于 2014 年 9 月，由国开金融和中央财政、中国烟草、亦庄国投、中国移动等企业共同发起，是为促进集成电路产业发展而设立的产业投资基金。大基金原计划首期募集资金 1200 亿元，实际募集资金达到了 1387.2 亿元。

经过 3 年的运作，截至 2017 年 9 月 20 日，大基金累计决策投资 55 个项目，涉及 40 家集成电路企业，共承诺出资 1003 亿元，实际出资 653 亿元，撬动起社会资本对于集成电路产业的投资热情，成为驱动集成电路产业热潮的发动机之一。

城市开发方案提供商

四个业务板块中，城市开发业务是重头戏。国开金融的目标是成为中国城市开发一揽子解决方案的提供商，推动城镇化进程。他们的做法不乏新意，即组建城市开发战略联盟。在政策研究、城市规划、基础设施建设、产业招商、民生发展等各个环节上，与国内外一流的开发机构和中介机构结成战略联盟，开展资讯共享、联合开发、融资互助等。

联盟的具体运作方式是，国开金融对城市开发业务涉及的重要板块进行细分，每个板块中，在全球范围内选择 3~5 家优质机构，组成由国开金融牵头的“集团军”，共同参与城镇新区的规划、建设和运营。

为此，国开金融设置了股权二部，专门负责长江以南 16 个省市的城市开发业务，股权三部负责长江以北 17 个省市的城市开发业务。

2010 年 10 月，由国开金融设立了国内第一只城市发展基金——开元城市发展（西安）基金，采取“基金 + 公司”新模式，首期募集 30 亿元，投资以西安为重点的关中—天水经济区的城市发展和基础设施建设。

截至 2012 年底，国开金融已与北京、西安、成都、武汉、沈阳、吉林、浙江、湖南等省市政府组建城镇开发运营平台。城镇开发战略联盟成员已达 200 多家，既包括住建部政策研究中心、国家发改委城市和小城镇改革发展中心等政策制订机构，也包括美国 AECOM 公司、美国思科公司、法国雅高集团等国内外知名机构。

在国开金融初创时的 350 亿元注册资本金里，包含了 10 个债转股项目，分布于有色金属、钢铁、船舶等多个行业，各企业情况复杂，盘活存量股权资产的难度不小。

2010 年 9 月底，国开金融在减持中铝股份时上演了一场精彩的“闪电战”。时值中国铝业母公司——中铝公司宣布与江钨控股集团签署合作协议，中国铝业 A 股股价大幅上涨。国开金融瞅准这个最佳的时间窗口，迅即组织四位部门总经理组成资产减持小组，分三次对中国铝业进行减持。

这三次减持的均价为 12.11 元，高于减持交易日的成交均价 12.00 元、90 日均价 10.66 元。此举减持 12908 万股，斩获收益 7.7 亿元。此后，中铝股价一路走低。

2010 年 12 月 17 日，证监会有条件地同意中国重工发行股份购买资产的申请，成为国开金融设立以来第一个存量股权重组上市项目。国开行持有长达 10 年之久的渤船、北船两家低收益股权由此置换为上市公司股票，股权流动性和投资收益陡然倍增，可谓老树发出了新芽。

2014 年 3 月，国开金融认购了香港上市公司——中国新城镇 54.3% 的股份，将其作为新型城镇化业务的重要投资平台，将融资、投资、开发、运营融为一体，围绕“开发投资 + 下游业务深耕”的模式开展业务，以“土地一级开发投资”作为业务基础，将城镇化下游多元化业务的开发及运营业务作为长期利润增长点，以资产管理业务作为增值空间。

2014 年 12 月 4 日，国开金融又发起设立总规模 500 亿元人民币的国开新型城镇化发展基金，旨在支持国家新型城镇化发展，重点支持棚户区改造及城市基础设施等相关建设。基金一期规模 100 亿元，期限 8 年，主要投向包括：棚户区及旧城改造、保障房建设项目，水务、垃圾处理、供热供气、城市公共设施、节能环保等实行特许经营的城市公共事业项目，新城镇建设项下的医疗、旅游、养老类项目。目前，国开金融正在推动设立二期100亿基金。

搭建海外投资平台

与一般投资公司迥异的是，国开金融背靠母公司这一“中国最大外汇贷款和国际合作银行”，拥有发展海外投资业务的天然优势，且合作对象的层次达到了政府层面，俨然投资界的国家队。譬如，他们曾代表中国政府与外国政府合作设立了中法基金、中葡基金、中非发展基金二期等多边投资基金，以支持中国企业“走出去”。

海外投资业务，特别是海外平台的设立对国开金融乃至国开行的发展都具有重要意义：可以协同国开行开展海外贷款业务；开辟海外融资渠道；简化国内行政审批程序，提高海外投资效率；提升国开金融在全球市场的参与度和影响力。

2011年4月，国开金融在香港发起设立国开国际，作为国开行和国开金融唯一的海外投资平台。初始注册资本为1亿港元，后续随着投资项目的落地，再逐步增资至不超过30亿港元，主要从事直接投资和资产管理业务，为中资企业“走出去”和海外资本进入中国提供投融资服务。

国开国际依托香港，面向全球市场募集资本，包括引入战投、募集债务资本和管理资金。国开国际开业之始便与著名的私募股权基金TPG（德太投资）、KKR（科尔伯格·克拉维斯，罗伯茨投资集团）、欧洲Permira（璞米资本）以及香港新世界集团签订了战略合作协议。

国开国际以中国机会投资为主，纯海外项目为辅。主要投资具有中国元素的海外项目，包括中资企业海外结构（境外上市公司再融资、Pre-IPO、私有化等）、中资企业海外并购和海外建设项目、外资企业投资于中国的项目等。同时，借助国开行的海外分支机构和国际合作网络，在市场上挖掘优质的和有影响力的海外投资机会，与一流的投资机构联合投资。

2017 年 5 月，国开国际以 4200 万美元领投了国内知名的互联网财富管理平台挖财，并先后投资了 G7、云杉、百世物流、宝供投资及晶科电力等物流基础设施及供应链服务机构。截至 2017 年上半年，国开国际盈利 1.47 亿元，按年增长 21.98 倍，业绩颇有亮点。

第三节　国开证券：十年铸一剑

十年一觉投行梦

2010 年 8 月 25 日，在时任国家开发银行董事长陈元、全国社保基金理事会理事长戴相龙、财政部副部长李勇、中国人民银行副行长刘士余，以及国家发改委、银监会、证监会等有关部委领导的见证下，国开证券在北京正式挂牌，成为内地第一家由银行全资设立的证券公司。

“十年磨一剑，夙愿终实现。”一位国开行的中层干部如此感慨。1998年，陈元刚调任国开行时，曾受朱镕基总理的委托，要把国开行“办成中国的高盛”，但因时机不成熟戛然而止。

但国开行始终没有放弃对投行业务的尝试，随即成立了投资业务局，开始了持续不断的探索：2000年取得债券承销资格，投资业务局的许多员工还破格考取了证券从业资格证书；同一年，国开行进行了债转股，一度持有中石油、中石化等大型企业的股权。此后又积极涉足股权投资领域，投资了中瑞创投基金、中非发展基金、渤海产业基金等多只基金。

随着业务的发展，国开行在投行业务的道路上已越走越远，急需一个真正的投行平台。直至国务院批准了国开行实行“一拖二”的组织架构，这个十年前的梦想才真正成为现实。

2009年2月底，国开行成立了证券公司筹备组，开始研究设立方案。是新设一家公司，还是参股或收购一家现有的投行？

投行牌照的得来殊为不易，人们期望它既能依托国开行的优势迅速成长为一家优质的投行，同时又与国开行在业务上形成协同效应。要达到这样的效果，对公司的控制力尤为重要，最好能绝对控股。毕竟，国开行是一家以服务国家战略为宗旨的银行，如果其他股东与其战略目标不一致，则很难达成一致行动。

因此，新设一家证券公司，自然而然成为首选。但是，这个方案没有得到证监会的支持，证监会建议以并购重组的方式组建公司。

这个建议不难理解。2004—2007年，证监会对整个证券行业发起了一轮大规模的综合治理，强力整改和处置高风险公司，关闭、撤销了31家证券公司。经过这轮“洗牌”，全国的证券公司减少到106家，至此5年间，再没有一家新证券公司被批准设立，证监会也不愿为了国开行“破戒”，影响其来之不易的改革成果。

别无选择，国开行只能收购一家现有的证券公司。

收购航空证券

按照当时的概算，国开行的收购标的应该不高于100亿元，之后减少为80亿元，最后又进一步减少到30亿元。

筹备小组对全国106家证券公司进行地毯式搜索，逐个摸清谁的资产符合收购条件，谁有出售意愿。一轮又一轮的接触，让筹备小组吃了不少闭门羹。2007年的大牛市，让证券公司赚了个盆满钵满，股东攥着这“金饭碗”，自然不肯轻易撒手。

好在2008年4月，酝酿四年之久的《证券公司监督管理条例》开始施行。为了避免同一机构参股控股券商过多带来系统性风险，该条例规定，“两个以上的证券公司受同一单位、个人控制或者相互之间存在控制关系的，不得经营相同的证券业务”。即证券公司被要求遵循“一参一控”模式。

当时，汇金系、中信系、华泰系、明天系、广发系等参股、控股的券商都面临着出让股权的要求，无疑为国开行的收购提供了难得的契机。

一番搜索之后，国开行挑选出了适宜收购的22家潜在收购对象。他们深入接触了国泰君安、渤海证券、申银万国等多家机构，有的因为股本太大、溢价太高而无法谈拢，有的因为股东过多不符合国开行要求。

经过几轮比较和筛选，国开行终于将目光锁定中航工业集团旗下的航空证券。航空证券成立于 2003 年，属于中国航空工业第二集团公司，是由航空信托公司在原有证券机构和证券业务基础上联合其他 5 家股东共同设立的证券公司，注册资本 5.2 亿元。

中航工业集团之所以必须出售航空证券，原因在于它是由中国航空工业第一集团公司和中国航空工业第二集团公司重组而成，这两家公司原来分别拥有江南证券和航空证券两家证券公司，重组后，两家券商的大股东双双变更为中航工业集团，不符合“一参一控”要求，只能选择其中一家出售。

江南证券是一家拥有经纪、投行、自营、资产管理多业务的综合类券商，在北京、上海、深圳、天津等地设有 28 家证券营业部，2009 年 9 月注册资本由 10.41 亿元增加至 13.26 亿元。

相比之下，航空证券显得单薄些。其注册资金仅为 5.2 亿元，没有保荐承销牌照，只在北京、上海、深圳和保定等地拥有六家证券营业部。航空证券成立之初就出师不利，因诈骗案资本金基本被掏空殆尽，又经股东注资才恢复了注册资本。顺理成章的，中航工业集团选择留下江南证券，考虑出售航空证券。

但对国开行而言，航空证券算得上一个较好的壳，它的股本金不大，股东相对比较单一，便于收购和绝对控股。且中航集团是国开行的大客户，有长期的合作关系，谈判的基础较好。

然而，要全盘出售航空证券，放弃一张珍贵的券商牌照，中航工业集团的一些人还是有些不舍，集团内部产生了分歧。在收购谈判成败难定的敏感时刻，国开行董事长陈元给中航工业集团总经理林左鸣写了一封信，希望能整体收购航空证券的股权。副行长高坚也亲自出面与中航工业集团进行斡旋协调。

对多家竞买者反复权衡比较后，中航工业集团最终决定锁定国开行。2009年8月15日，中航工业集团与国开行达成口头协定，同意将航空证券的股权全部转让给国开行；8月25日，双方签订了《股权合作备忘录》；8月29日，国开行聘请的财务顾问中信证券和会计师事务所普华永道开始进行尽职调查和审计。

9月28日，航空证券五大股东在天津产权交易中心挂牌出让全部股权，挂牌总价为11.5亿元。

该交易一挂牌，立刻成为市场上的头条新闻。媒体和市场人士纷纷揣测，那些条款简直就是为国开行“量身定制”。因为项目中关于受让方资格条件的条款设置，不似寻常的挂牌项目那般具有一定开放性，而是条件特别“苛刻”，指向异常明确。有人形容：“根本就是一道没有丁点难度的填空题。”

如股东要求受让方资格条件为“注册地为境内的，合法有效存续的全部由国有股东出资成立的大型国有商业银行，2008年末资本充足率不低于10%；2008年末经审计的净资产不低于人民币3000亿；买受人在国内外不得有其他控股(含直接或间接控股)的从事证券业务的企业”。

第一个条款便将所有证券公司排除在外，第三个条款则推开了所有与国开行实力相当的商业银行。工商银行、中国银行、建设银行、交通银行已分别在香港控股工银亚洲、中银国际、建银国际和交银国际等证券机构，唯一没有券商牌照的农业银行2008年底资本充足率为9.41%，不满足“2008年末资本充足率不低于10%”的要求。

事后，国开证券总裁黎维彬谈及此事也不禁开怀：“每个条款确实都是量身定制的，因为这个事必须要确保万无一失，否则交易就有失败的风险。”[①] 他坦言，所有条款都是为了把有可能参与报价的潜在竞争对手排除在外，这样才能确保国开行以11.5亿元的价格顺利摘牌。11.5亿元是双方多轮谈判商定的结果，任何竞争对手的出现，都有可能抬高收购价格。

以航空证券5.2亿元的注册资本匡算，11.5亿元相当于溢价2.2倍。这一溢价水平，在当时已算相当便宜，通常证券公司的收购溢价可达到3.5倍到4倍。

有人疑惑，总部在北京的国开行收购同在北京的航空证券，为何要去天津交易所挂牌？

其中内情亦不复杂，因为新公司的筹备组组长黎维彬当时兼任国开行天津分行行长之职。在天津分行任职的几年间，黎维彬对天津的金融圈熟稔有加，在产权交易所、监管部门等各方面人脉深厚。在天津交易所挂牌，打理各方关系更得心应手，确保万无一失。

---

① 资料见于 http://news.hexun.com/2009-10-13/121314105.html。

审批关化险为夷

2009年11月2日，国开行董事会、股东大会审议通过了出资80亿元收购并增资航空证券的方案，其中年内收购加增资共计30亿元，两年内再增资50亿元。11月5日挂牌结束前，国开行签订了5份股权转让协议，以11.5亿元的基础价，独家受让原航空证券5家股东共计100%的股权。

好事多磨。迈过了好几道坎后，这桩收购案在审批环节又遇到了意想不到的障碍。收购方案在2009年11月28日即顺利获得银监会的批准，但迟迟拿不到证监会的“通关文牒”。问题出在哪儿？

国开行筹备组的人们等急了，经过多方打听，方知经过美国金融危机之后，证监会对银行办投行这种混业经营模式产生了很深的疑虑。

2008年，美国投资银行界遭遇了极寒的“冰川期”，一批大型投资银行倒在了金融危机的废墟上。有着158年历史的美林、94年历史的雷曼、84年历史的贝尔斯登或破产或被收购，摩根士丹利和高盛转变为传统银行控股公司，大型投资银行叱咤风云的时代就此终结。

国际大投行重新转回传统银行的时刻，国开行却要蹚“浑水”大办证券公司，是不是在逆潮流而动？中国现有的监管水平能不能应对混业经营带来的风险隐患？在全世界对投资银行发展充满怀疑的时刻，中国的证券业该怎么走，深深地困扰着证券行业的监管部门。

眼看成果可能在收割的最后一刻化为乌有，陈元再度出手，向国务院有关领导递交了一份报告，再次陈述了国开行将从服务国家战略的高度办好证券公司的决心，得到国务院领导的认可。而后，筹备组又在证监会的指导下修改了转让申请，审批环节的最后一道难关终于被攻克。

回忆这艰难的一刻，黎维彬几多唏嘘感慨："国开证券怎么走过来的，一般人看到的是结果，看不到背后的过程。这个过程中如果没有几个关键人物顶着，历史可能就要改写了。"

2010 年 2 月 10 日，航空证券的转让申请终于获得证监会批准，6 月 17 日完成工商变更登记，更名为国开证券有限责任公司。国开行为此次收购出资 30 亿元，其中 11.5 亿元为收购款，另外 18.5 亿元为其增资，国开证券资本金由原来的 5.2 亿元增至 23.7 亿元。

"富二代"不走寻常路

国开行终于揽得一家证券公司入怀，但这家公司成立之时，国内证券市场竞争已异常激烈。

除了中金、海通等传统券商外，多家商业银行都"曲线"控股了证券公司。如工行、中行、交行分别控股了工银国际、中银国际和交银国际。只是受分业监管所限，这些机构都注册在香港。国开证券如何切入这个已是红海的市场，成为后起之秀？

从某种角度来看，国开证券可谓衔着金汤匙出生的“富二代”。虽然进入市场的时间晚，净资本规模小，持有的经营牌照和客户数量非常有限，但所谓虎父无犬子，携母行在资本、人才、客户、品牌以及国际网络上的强大资源，国开证券甫一出生就拥有许多先天优势。

国开行也毫不吝惜为其注入各种金融资源。比如，国开行前后三次向其增资，至2012年底，国开证券的注册资本从23.7亿元增至73.7亿元，成为国内注册资本金排名第三的证券公司。

国开行还将其经营了10年之久的企业债券承销业务整体平移到国开证券。这不仅是项目的交接，也是对国开行多年来在债券承销领域积累的业绩、人才队伍、营销理念、客户资源的全面传承。国开行还派出了副行长、国内最资深的债券专家高坚担任国开证券的董事长，派出原天津分行行长黎维彬担任总裁。

此外，国开行还向国开证券几乎完全开放自己的高端机构客户资源，包括上市公司客户近400家、上市公司股东客户700多家，各控股子公司以及控股基金也都持有大量上市股权。

相对国内券商在国际业务方面的软肋，国开证券还可以利用国开行遍布全球的网络，深入国际市场。

综合考量这些因素，国开证券选择的发展路径就是扬长避短，打造差异化的竞争优势。

高坚在接受媒体采访时曾表示，国开行拥有众多国家级乃至世界级的客户，未来国开证券将承继国开行的独特优势，重点发展投资银行业务，做强研究业务，积极拓展创新业务和国际业务，稳步推进经纪业务，审慎开展投资和资管业务。这一思路体现在国开证券的战略定位上，即为："依托开行，服务开行，实现稳健发展，创造合理回报"。

黎维彬称："因此我们就定了一个目标，'全牌照、创新型、国际化'。第一，必须要有全牌照，功能才齐全；第二，按照证监会的要求，必须是创新型的才能做其他新业务；第三，一定要国际化。"由此，国开证券确立了其业务发展的总体思路：以投行、固定收益业务为主，经纪业务为基础，自营业务为辅，积极发展创新业务和国际业务。

其近期战略目标是构建全牌照业务平台，迅速开展业务。中期战略目标是在未来3~5年，成为提供全面证券服务的国内一流投行，覆盖证券行业所有领域，提供一站式综合金融服务。远景目标是5~10年后，做专业领域的国际领先投行，按净资本排名为第10名左右。

抢占市场，霸气十足

原来的航空证券以经纪业务为主，功能和牌照都不齐全。为了打造全牌照业务平台，国开证券一边开展经纪业务、证券投资咨询、财务顾问、债券承销等业务，一边积极准备申请资产管理、股指期货、融资融券及基金管理公司等相关业务资格，为未来的业务发展投棋布子。

无论投资银行还是固定收益业务，国开证券的业务开局都当仁不让地借助了国开行的能量，迅速抢占市场，霸气十足。

配合国开行的经营策略，国开证券与国开行天津分行、内蒙古分行、云南分行协同作战，在城投平台企业的战略规划、并购重组、上市增资中担任财务顾问。或是结合其融资需求，在企业转型过程中协助发掘其潜在优势，提供顾问服务，尝试投行与信贷协同发展的新方式。

例如，在银行信贷规模普遍受限的情况下，国开证券引进社保资金，通过信托公司向云南城投的保障性住房和太阳山国际旅游两个项目发放贷款，充当融资顾问的角色，满足国开行重大贷款客户的融资需求。

让同业艳羡不已的是，依托国开行的国际业务资源，国开证券成立不久就拿下了多个国际项目。如2010年10月，在温家宝总理访问意大利期间，国开证券与上海电气、意大利因基波洛和曼达林基金四方签署了关于海水淡化技术的合作意向书等3项备忘录，为其提供跨境并购顾问服务。

2012年，国开证券签约的投行项目达24个，收入5042万元，同比增长近50%，令同业侧目。

在固定收益业务上，国开证券携母行在债市中的显著优势，在债券承销市场上攻城略地，势如破竹。刚刚成立之时，国开证券就以主承销商的身份亮相，首只联合主承销债券“渭南城投”一发行就迎来一场开门红，收入达1083.5万元。而且，在市场不利的形势下，他们精准把握住最佳时间窗口，还为发行人节省了上千万元的成本。

为尽快确立在资本市场的地位，国开证券瞄准了央企债券。初次担任央企债2011年第四期铁道债联合主承销商，即获得中标排名第二位。与银河、中金等大券商一同成为首期200亿元中石油债的联合主承销商，中标金额5.87亿元，在22家联合主承销商中排名第一。

2011年11月17日，国开证券在逆市中成功独家主承销“11宜昌债”，创下湖北省报批同类项目中审批最快、发行最快的纪录，令地方政府十分感激。

截至2012年底，据万得资讯统计，国开证券全年累计发行企业债61只，总规模2589亿元，承销只数和规模均列国内券商第一名。

对于公司立身之本的经纪业务，国开证券则采取转型策略。原航空证券的经纪业务以收取通道服务的佣金收入为主，个人散户占比极大，市场营销落后，客户服务是初级的被动服务，营业网点只有6家，客户存量只有8万余户。这样的规模和策略显然无法与国开行的巨量业务相匹配。

为了使经纪业务取得突破，2011年初，国开证券决定向机构客户转型，即以中、高端客户为业务拓展和服务的主要目标，将国开证券打造成“客户财富增值管理中心”，树立以增值服务为特色的品牌。

这一转型也是为了适应整个证券市场的巨变所做出的选择。全国的证券营业部在政策开放后大量扩容，由3000家增加到5000多家，市场竞争更加激烈。同时，随着监管部门要求佣金标准公示，各证券公司纷纷降低佣金以抢夺客户，利润空间遭到严重压缩。证券公司经纪业务正面临着前所未有的经营困境，如何进行业务创新和盈利模式转型，取得竞争优势，成为券商生死存亡的关键。

而2011年1月，《证券投资顾问业务暂行规定》的实施，则开辟了一种新盈利模式，即证券公司可以向客户提供证券和证券相关产品的投资建议服务，并收取费用。新政实际上是引导券商由通道服务向增值服务转型，券商经纪业务将发生质的变化。

国开证券试图从四个方面的革新去实现“客户财富增值管理中心”的目标，包括客户资产结构、经纪业务收入构成、营销队伍模式和业务品种链条。而要完成这些革新，必得倚靠国开行这棵“大树”，充分利用其资源。

比如，在客户的资产结构方面，经纪业务重点转向与国开行有信贷关系或股权关系的机构客户，为其设计专户基金，以及其他机构类客户，如私募基金、公募基金、信托投资公司、500万元及以上资产的个人大户等。

在业务品种链条方面，由单一的经纪通道业务，延伸到客户的证券托管、证券交易、合理避税、再融资、投资顾问、市值管理等增值服务业务等。

成立仅两年，国开证券就获得了资产管理业务和保荐机构等多项新业务资格，成为一家“全牌照”券商。2012年，国开证券实现净利润4.86亿元，同比增长343%，已是业内成长最快的证券公司之一。

第十五章　地方融资平台是非题

提要　在应对金融危机的经济增长保卫战中，地方政府融资平台异军突起，为力所不逮的地方政府撬动了数倍的信贷资金，完成了4万亿元的经济刺激计划。但融资平台的火速繁荣伴随着地方政府债务的急剧膨胀，又引发了人们对地方债务风险的深度忧虑，新一轮监管风暴接踵而至。众说纷纭，地方融资平台的功过与成败该如何评价？

第一节　融资平台异军突起

2008年底，金融海啸席卷下的全球经济陷入衰退，中国亦难独善其身。中央政府的4万亿元投资刺激计划一经发布，林林总总的投资可行性研究报告便喷涌而出，各地政府炮制的投资规模令人咋舌，国家发改委门前人头攒动，附近的宾馆一房难求。

同样是2008年底，信贷规模控制取消，天量信贷蓄势待发。省长、市长、县长，甚至镇长，一夜间纷纷成为各家银行的座上宾。作为最大的“承贷”主体，各级地方政府融资平台以井喷之势急速膨胀，级别由省市发展到县，行业从城市建设、交通延展到新能源、医药等几乎所有领域，应和着国家“保增长”的步调，上演了一幕融资的狂欢。

如今回头来看，融资平台的异军突起，有其必然因素，在4万亿元投资中，中央政府投资仅1.18万亿元，其余大部分资金需要地方政府配套，加上4万亿元以外的投资计划，地方政府的资金需求将更大。

根据世界银行2007年的报告，地方政府负担的基础设施建设部分，发达国家平均为35%，发展中国家平均在13%左右，而中国的地方政府承担超过一半的责任。在经济周期下行期间，地方政府可支配财力不足，在市场融资过程中，政府投资项目的资本金又严重不足。而现有的法制环境下，也不允许地方政府举债、提供担保，若没有金融机构的鼎力支持，恐怕根本无法为中央政府投资项目配套资金。

当时发改委对部分地方政府做了一项调研发现，很多地方的配套资金都难以落实到位，如湖北省中央投资项目的地方配套资金缺口将会达到60%以上。从全国情况看，2009年地方政府的资金配套任务达6000亿元，而地方政府仅能拿出3000亿元，还有3000亿元的资金缺口，即资金缺口达50%。

此时，国家政策也对地方政府融资平台予以了支持和鼓励。2009 年 3 月，中国人民银行、银监会联合下发《关于进一步加强信贷结构调整促进国民经济平稳较快发展的指导意见》，鼓励地方政府通过增加地方财政贴息、完善信贷奖补机制、设立合规的政府投融资平台等方式，吸引和激励银行加大对中央投资项目的信贷投资力度。支持有条件的地方政府组建投融资平台，发行企业债、中期票据等融资工具，拓宽中央政府投资项目的配套资金融资渠道。

在强烈的资金需求和国家政策的倡导下，地方政府融资平台出现了一波爆发式的增长。类型有多种，有只负责融资，不参与项目建设和经营的“壳公司”平台，有开展盈利性项目的“经营性”平台，也有只负责运营却无收益来源区县级项目的“公益性”平台。

原先只出现在省市级的融资平台在区县级也崭露头角，如雨后春笋般涌现出来。截至 2009 年末，县级平台居然高达 5000 家，占平台总量的 60%，贷款余额 1.85 亿元，占比 25%。

与之相伴的是，更多的商业银行投入到平台的融资洪流中。2009 年以前，平台贷款的主要来源是国开行。2009 年后，各银行争相加入平台融资市场，国开行占比下降至 20% 左右。以国开行与地方政府合作的首个融资平台芜湖建投为例，成立伊始，国开行贷款份额占到 100%，2006 年降至 63.1%，2008 年则陡降至 26%。

地方融资平台的融资方式也不拘一格，包括银行贷款、企业债券、中期票据、信托理财产品等。其中银行贷款是最主要的融资方式，约占筹资总额的八成。

巨额融资随之井喷。据中国人民银行、银监会统计，截至2009年底，全国地方政府投融资平台由2008年的3000多家增至8000多家，总资产近9万亿元，贷款余额上升至7.38万亿元。2009年全国人民币新增贷款9.6万亿元，其中约40%流入了地方政府融资项目。

据银监会统计，截至2013年6月末，各银行的地方融资平台贷款余额已达9.7万亿元。

第二节　融资平台功与过

好景不长，短短一年后，各级政府融资平台贷款增速之快、规模之巨，引起决策层的高度关注。银监会要求对地方融资平台贷款进行逐笔“解包还原”，并严控新增平台贷款。

追根溯源，国开行一时间成为舆论关注的焦点。有监管者直言不讳地说：“那么多地方融资平台，都是学国开行搞出来的。”

国开行的确是地方融资平台贷款的开创者，其1998年与芜湖建投合作的“芜湖模式”创造了一种新的城建融资模式，被各地政府和商业银行广泛模仿和复制。但融资平台后期的繁荣与膨胀，以及挟裹而来的风险隐患，却是这个开局者无法预料和控制的。

对于地方融资平台的合理性与风险问题，政府、市场、学界众说纷纭，褒贬不一。

以芜湖建投为代表的地方融资平台，是地方政府因无法直接举债而寻求信贷融资时的衍生物。它由地方政府通过划拨土地、股权、规费等资产，包装出一个资产和现金流均可达到融资标准的公司，必要时再辅之以财政补贴作为还款承诺，以之向银行申请贷款、发行企业债券，筹集资金用于市政建设、公用事业等肥瘠不一的项目。

一个没有争议的事实是，融资平台可以帮助财力不足的地方政府整合资源、盘活资产，将借贷资金转化为子公司的项目资本金，进一步开展债务融资，放大财务杠杆，满足投资饥渴。它实际上是财政体制、投融资体制和金融体制等制度变迁的共同产物，是地方经济发展的一个现实选择。

在应对2008年全球金融危机时，地方融资平台扮演了支持经济复苏的绝对主力角色，使政府能够以有限的财政资金撬动数倍的信贷资金，推动了不少重大项目的开展，将纸上的4万亿元经济刺激计划变为了现实中可观的GDP增速。

有学者认为，融资平台还是地方政府市场化的“助推器”。融资平台出现之前，一些地方政府既是“运动员”，又是“裁判员”，难免不以行政手段干预企业的具体运作。搭建融资平台后，由市场化主体进行国有资产经营，政府作为出资人由直接管理转变为间接管理，由微观经营转变为宏观调控，其投资行为更加市场化。

国开行与地方政府十余年的合作，使相当一部分平台通过政府的土地、股权、规费、国债等资产持续注入，实力大为提升，不仅吸引了银行贷款，还拓展了发债、上市等直接融资渠道。部分省市还运用平台整合地方稀缺性和金融资源，使平台升级为集团控股公司，对经济的发展起到巨大的推动作用。

以上海城投为例，2001年左右，国开行向上海城投承诺130亿元，不仅使其从短期偿债压力下解脱出来，还逐渐成为商业银行竞相追逐的优质客户。十多年来，国开行通过上海城投、久事集团等融资平台，支持了上海世博会、洋山深水港、虹桥综合交通枢纽等重大基础设施建设。此后，通过给予房地产开发、土地经营、污水处理等特许经营权，国开行协助上海市政府将其打造成独立的成本控制中心、利润中心和决策中心，投资领域更加宽泛。

但凡事过犹不及，融资平台一旦成为举国上下追逐的盛宴，各类风险和弊端就会逐渐显现出来。

比如，在打造融资平台的过程中，土地注入是最普遍和核心的内容。以土地为基础举债，进行城市建设和土地开发储备，然后产生土地收益，用以还债和投入新的开发及储备，这一思路已蔚为潮流。但部分地方政府借机操弄土地价值，给信贷安全带来巨大隐患。

由于土地包装术可以使融资平台的净资产瞬间放大，资产负债率骤然降低，进而获得更高的杠杆，所以各地在注入土地时，高估使用权价值、地块真实状况讳莫如深的情形也就屡见不鲜。

融资平台的巨额增长，加大了财政的“隐性负债”和财政风险。而部分银行对融资平台公司贷款盲目崇拜，偿债能力评估和贷后管理不审慎，又导致了多头授信、过度授信，信贷风险加剧。

地方融资平台的素质参差不齐，也让监管部门十分担忧。有的地方融资平台产权边界不清晰，责任主体不明确，融资状况不透明，地方政府成了"实际操纵人"，也加大了信贷风险。

特别是在国家"保增长、扩内需"的政策大旗下，各家银行争相向融资平台发放贷款。有时项目资本金还没达标，就先用信托资金作股权投资，满足最低资本金比例限制，为银行贷款的注入扫清障碍，杠杆率被用到了极致。

种种抬高杠杆率的融资安排，都是建立在对中国经济的乐观预期之上的。严重依赖财政补贴的城投公司能否还本付息，很大程度上有赖于财政收入的增长和土地价格的上升。一旦经济形势逆转，财政收入下降，土地收益不能实现，就容易导致融资平台资金链断裂。融资平台的偿债危机转嫁给地方财政，就可能引发地方财政风险。

央行2009年的一份调研报告显示，政府投融资平台总体负债率较高，盈利能力较低，透明度较低，银行对平台及地方政府的整体债务水平难以准确评估，信贷资金监管难度较大，政府投融资平台贷款潜藏着系统性金融风险。

中国人民银行行长周小川在央行2010年工作会议上指出，要合理评估和有效防范地方融资平台信用风险。他说："地方融资平台主要以政府所拥有的土地做质押进行融资，靠综合收费能力而非项目自身的收费能力偿还债务。因此，可能造成地方融资平台还款能力欠缺、银行产生不良资产等问题。"

第三节　自查规范进行时

眼见地方政府融资平台呈几何级数快速扩张，泥沙俱下，中央政府决定对地方政府融资平台公司开展全面清理和规范。

2010年6月,国务院下发清理整顿融资平台的“19号文”——《关于加强地方政府融资平台公司管理有关问题的通知》，根据平台公司经营性现金流对其债务的覆盖面，来判定一家公司的债务风险，并依此开展整顿。

在中央整顿利剑之下，许多商业银行出于自保纷纷退出，从“散财童子”转脸变成了“葛朗台”。部分项目由于商业银行的断贷而难以为继，融资平台的风险反而加快暴露，一些地方政府叫苦不迭，转而求助于国开行。

时任国开行行长蒋超良认为，地方政府作为投资主体，建设任务繁重，筹资渠道有限，所以融资平台在今后一定时期内还将发挥重要作用。因此，应将融资平台运行中的问题视为发展中的问题，并在发展中通过深化改革来规范。如果方法不得当或操之过急，容易推波助澜，导致政府投资项目和融资平台资金链断裂，促使矛盾集中爆发并急剧恶化。

所以，与部分商业银行的快进快出相比，国开行只是稍稍放缓了此前的步调，并没有马上停止支持地方融资平台。毕竟，与其他商业银行以短期贷款为主不同，国开行“中长期投融资银行”的定位，与地方政府融资平台的资金需求更为匹配，在风险的集中控制和专业化管理方面更胜一筹。近几年，国开行每年的风险拨备覆盖率都在300%左右。

不过，融资平台接受监管风暴洗礼之时，国开行也在积极谋求更安全、更符合监管要求的融资平台贷款模式。

2010年4月，在19号文发布前，国开行就制订了加强地方政府融资平台贷款管理工作的指导意见，提出“有保有控，区别对待”，根据各地经济发展状况、政府负债水平、平台规范进展、项目贷款投向等因素，对融资平台实行差别化信贷政策。保重点、保续建、保民生，支持中西部公路、城市轨道交通、保障性安居工程、水利等重点项目建设。

6月，银监会特别对融资平台贷款余额最大的国开行提出要求，按照“逐包打开—逐笔核对—重新核对—整改保全”的流程，对地方融资平台贷款按进度、时限、质量进行自查整改。

所谓“贷款包”，是指：在贷款审批环节，多个项目签订同一份贷款合同；在项目资本投入环节，多个项目的资本金划入同一账户；在贷款担保环节，多个项目同一个担保主体或同一个抵押物；在贷款发放环节，多个项目资金归集到同一个账户管理。

随后，国开行制订了“自查从严、区别对待、保全自查、防范风险”的原则，逐个检查融资平台贷款的合同是否存在“贷款包”，逐笔核对贷款是否符合评审要求，从借款主体、贷款投向、还款来源、担保措施等方面进行评估分析，查找问题。自查的结果是，国开行的融资平台贷款不存在“贷款包”。

尽管如此，面对严厉的监管之手，国开行仍不敢懈怠，从各个方面规范增量融资平台贷款。比如，建立融资平台名单制管理体系，明确行业、产业、项目准入门槛；强调第一还款来源，严格监控项目现金流，完善抵质押担保方式；强化贷后管理，防止资金被挪用。对项目自身有充足还款来源的，由规范后的融资平台或项目公司继续承担；没有充足还款来源的，要落实政府的还款责任。

针对融资平台的特点，国开行还在内部实行全过程风险管理。严把项目入口关，融资平台贷款要严格对应建设项目；对借款人、贷款项目进行信用评级和授信评审，并根据项目特点设定相应的资本金比例、偿债覆盖率、抵质押率、贷款期限等风险控制边界，匹配对应的还款计划；以地方政府债务控制指标为基础，建立地方政府评级制度及风险预警机制等。

对于“一荣俱荣、一损俱损”的合作伙伴——地方政府，国开行不吝投入人力物力，帮助其规范融资平台。

最常用和有效的办法是推动地方政府注入经营性资产、资源、土地、股权等，促进融资平台做强做实，充实经营性现金流。其次的办法是引入项目融资，构建项目自身现金流。再者，完善贷款担保，采用各种收费权或股权质押、第三方保证、土地使用权等合法合规的担保方式。

这些独特的制度设计，使国开行的融资平台贷款保持着健康的状态。截至 2010 年底，其余额 2.18 亿元，占同期全行人民币贷款余额的61%，占同期全国融资平台贷款余额的24%，不良贷款率为0.44%。

具体来看，国开行支持的融资平台大部分为省级平台，中西部地区超过一半。按层级分类，省级占45%，地市级占42%，县级占13%；按区域分类，东部地区占44%，中部地区占29%，西部地区占27%；按投向分类，城市基础设施占47%，公路占25%，开发区、园区基础设施占8.1%，保障性住房占6.5%，其他占13.4%。

银监会曾以“借款人自身现金流覆盖平台全部贷款本息程度”为标准进行分类，将地方融资平台贷款分为“全覆盖、基本覆盖、半覆盖、无覆盖”四类。全覆盖指借款人自身现金流量占其应还本息的比例达100%以上，基本覆盖为70%~100%，半覆盖为30%~70%，无覆盖为30%以下。

以此标准来统计，截至2011年底，国开行的融资平台贷款定性为：全覆盖占比94.9%，基本覆盖占比3.7%，半覆盖占比0.2%，无覆盖占比1.2%。换言之，全覆盖和基本覆盖的贷款之和超过了98%。

2011年6月，审计署公布了对全国地方政府性债务的审计结果，一定程度上缓解了人们对地方政府负债过度导致融资平台风险过高的猜疑和紧张。

这份报告显示，截至2010年底，除54个县级政府没有政府性债务外，全国省、市、县三级地方政府性债务余额共计10.72万亿元。其中，政府负有偿还责任的6.71万亿元，占62.62%；

负有担保责任的2.34万亿元，占21.8%；可能承担一定救助责任的1.67万亿元，占15.58%。

另一组数据显示，截至2014年9月末，地方政府融资平台不良贷款率为0.06%，比2011年末下降了0.23个百分点。

从以上数据来看，无论是地方政府性债务，还是地方融资平台债务，规模和风险基本上均处于可控状态。

但融资平台的功过与成败，短期内难有定论。国家发改委原财政金融司司长徐林的观点比较中肯，他认为，改革的目标是完善地方政府债务管理，允许地方政府直接发行大量债券，但在当前的制度框架和条件下，还具有一定的风险。因此，正视现实的做法是承认地方融资平台的作用，为地方融资平台的正常融资提供通道，同时规范其发展，合理控制债务规模，防范连带形成的财政风险和金融风险。①

---

① 杨海霞．防范地方投融资平台债务风险　专访国家发展改革委财政金融司司长徐林［J］．中国投资，2010（3）：42–45.

第十六章　开发性金融终获正名

提要　时隔15年，国家开发银行迎来了第三位董事长——胡怀邦，也迎来了改革与发展的新契机——开发性金融被正式写入中央文件，得到了国家的高度认可。面对棚户区改造、“一带一路”建设、供给侧结构性改革的战略机遇，谦谦学者胡怀邦将怎样大展宏图？

第一节　胡怀邦履新

2013年，农历癸巳年的春天，中国政治生活迎来了一个重要时刻。在3月举行的第十二届全国人民代表大会上，习近平当选为新一届中国国家主席，李克强当选为国务院总理。

对于国家开发银行而言，一次重大人事更迭也从此刻开始了。

“两会”召开之际，国家开发银行政策研究室的工作人员正按照惯例为全行第一季度工作会议上的领导讲话准备材料。董事长的讲话作为全行当年工作的指引性文字，将被刊发在一份写有“密”字的红头文件上。材料刚刚准备妥当，就传来了董事长换届的消息——交通银行原董事长胡怀邦将接替陈元担任国家开发银行的董事长。

4 月 15 日，中组部副部长王尔乘来到国开行，向全行局级以上干部正式宣布了新的人事安排。4 月 22 日、26 日，国开行先后召开董事会会议和临时股东大会，选举胡怀邦为董事长、执行董事、董事会战略发展与投资管理委员会主席。

在 4 月 18 日召开的国开行 2013 年第一季度工作会议上，陈元和胡怀邦分别发表了讲话。胡怀邦在讲话中对国开行原有的战略定位、发展方向、经营重点等内容，采取了保留、延续、承继的态度，称国开行将继续坚持服务国家战略，保持“中长期投融资主力银行”的定位不变。二人默契的同场演讲，意味着交接工作已经启动，角色转换已悄然开始。

半年前，国开行执行董事、原副行长郑之杰升任行长，而原行长蒋超良于 2011 年 11 月调任中国农业银行担任董事长。半年后，即 2013 年底，农发行原副行长、党委副书记刘梅生出任国开行监事长。至此，国开行的“三长”（董事长、行长、监事长）队伍焕然一新。高管团队的其他几位为：李吉平、王用生、袁力、赵晓宇、张旭光等几位副行长，以及纪委书记周清玉。

时年 57 岁的胡怀邦拥有丰富的个人履历，做过大学教师、校长，当过监管官员，也做过银行高管。

1982 年，27 岁的胡怀邦从吉林大学经济系毕业，开始了长达 18 年的任教生涯，先后在陕西财经学院、中国金融学院担任讲师、副院长、院长等职。2000 年，他以中国金融学院院长的身份进入中国人民银行，先后任央行成都分行副行长和西安分行行长，这两家分行均为大区分行。

2003 年，银监会成立后，胡怀邦调任银监会监事会工作部主任，两年后升格为纪委书记、党委委员。2007 年，胡怀邦调任中投公司监事长，似为下一个重要岗位做过渡。一年之后，他即以党委书记、董事长的身份执掌交通银行。而他的前任——蒋超良也曾经从交行董事长之职调任国开行行长。因而有媒体戏言，交行与国开行“缘分不浅”。

如果说金融学院院长、央行大区分行行长和银监会纪委书记等职位，让胡怀邦在经济金融理论、金融管理方面深有心得，那么，在交行的 4 年就使他获得了在商业银行的实际历练，在大型商业银行的经营管理、公司治理等方面都有了一定积淀。

他在交行的老部下评价，胡怀邦对银行风险有着很好的预判、管理和化解能力。这位同人说：“他在全球金融危机负面影响下开始管理交行，4 年多来把交行的不良贷款率从接手时的将近 2%，降至目前的 0.92%，降幅过半。”

胡怀邦在交行力推综合化经营战略的经历，可能是将他引向国开行董事长宝座的重要因素。

胡怀邦在交行的 4 年中，力图打开混业经营的局面，将基金、证券、信托、保险、金融租赁、财务公司等各类金融牌照尽收囊中。而国开行也在前15年里构建起了“投、贷、债、租、证”俱全的混业经营格局，旗下有国开金融、国开证券和国银金融租赁等各类金融子公司。因而，在外界看来，由胡怀邦接手这样一艘总资产7万多亿元、跨业经营的“金融航母”，可谓适得其所。

论及胡怀邦的个人风格，他的同事和部下喜欢用“学者型领导”来形容。一位交行管理者向笔者这样描述胡怀邦：“他是一名儒将，温文尔雅，从善如流。比如行里的人事调整，他不会随自己的心意拍板，而是注重程序规范，看重群众意见，根据大家的打分和评价来做综合评定。”

在同事看来，胡怀邦始终保持着学者的良好涵养，亲和力强，很少发火。“其实做一把手压力很大，好脾气的人也容易被惹急。”上述管理者说。

胡怀邦在管理上自有一套方法。据说交行曾有一位业绩突出、个性也很突出的分行行长，此人性格强势、快人快语，连一些高管都惧他三分。但此人最敬重胡怀邦，对于胡怀邦的决定，绝不打折扣，一丝不苟地执行。“其他方面不说，当时胡董的年薪110万元，这个分行行长170多万元，比胡高出一大截，这也是让人服气的地方。”前述人士说。

国开行员工是在2013年6月的一次视频会议上第一次见到新董事长的，这位新领导与前任董事长风格的迥异让大家感到新鲜。如果说陈元是沉稳舒缓、含而不露、令人敬畏的，那么胡怀邦则相对外放和洒脱。

18年执教生涯，不仅在胡怀邦身上沉淀下了学者的谦谦风度，还有出口成章的演讲能力。

一位国开行员工这样描述他印象中的胡怀邦："他就像一个教授，从国家改革讲到开行改革，声若洪钟，旁征博引，逻辑严密，偶尔还会讲一两个小故事。"讲到激动时，他甚至情不自禁地称呼大家"兄弟们啊"，引得全场员工都会心地笑起来。

胡怀邦虽已离开学校多年，但仍然保留着做研究的习惯，他喜欢研究国际国内宏观形势，研究国内外银行业的发展，每次开会都会把国内外、行业内外的形势做一番分析，把国开行的发展嵌入到更宏大的格局中去。兴之所至，经常放下讲稿，自由发挥。

相比胡怀邦，行长郑之杰的经历相对简单，可谓地地道道的银行人。从1982年入职建行，到2008年调任国开行副行长，郑之杰在建设银行工作了整整26年。凭着努力、勤奋和出众的才华，他一步一个脚印，从应届毕业生升任支行行长，到分行行长，再到建设银行行长助理、副行长、党委委员，还担任过建银投资公司总裁、党委副书记。

对新的领导班子而言，率领国开行这艘7万亿元"金融航母"继续未竟的改革之路，仍是艰难险阻，荆棘载途。

第二节　错综复杂的改革难题

与15年前陈元初至国开行时的低迷不同，新领导班子接手的国开行，已达到有史以来的发展高点。

国开行已登顶全球最大的开发性金融机构，资产总额超过1.2万亿美元，超过了世界银行、亚洲开发银行等国际开发性金融机构规模的总和。

国开行已跻身中国最大的中长期信贷银行，人民币非个人中长期贷款的市场份额遥遥领先，2013年5月末达到18.6%，领先排名第二的工商银行4.8%。

国开行已成为国内最大的债券银行，累计发行金融债券8.86万亿元，债券余额5.6万亿元。国开行还是中国最大的对外投融资合作银行，外汇贷款余额达到2624亿美元，市场份额占比达到26%。

同时，国开行还拥有了让其他金融机构艳羡的金融全牌照——“投、贷、债、租、证”五证齐全，综合经营的航行已经启程。

尽管国开行早已走出15年前盘子小、不良资产高企的低谷，但胡怀邦面临的问题同样错综复杂：改革未竟，机构定位不甚明确，相关政策安排“两头落空”；债信政策及监管标准尚不清晰，发债越发困难，流动性风险若隐若现；利率市场化导致盈利空间大幅收窄，资金成本不断上升；资本补充压力凸显，资本缺口大；

业务支柱——地方融资平台贷款的风险潜流涌动，监管更加严苛；国际市场低迷使国际业务一度受阻，人民币升值导致的汇兑损失令人心痛……

就在胡怀邦上任两个月后，2013 年 6 月下旬，国内银行间市场突然遭遇罕见“钱荒”，SHIBOR 利率剧烈波动，向来发行稳定的国债、农发行金融债流标，一些银行甚至暂停了贷款发放。在这一非常时刻，国开行凭借充足的流动性储备向市场投放流动性，发挥了“定海神针”的作用。

但胡怀邦从这次银行间市场的流动性危机中，看到的是国开行的另一种困局。“开行主要依靠银行间市场发债筹集资金，从短期看，（市场流动性紧张）将直接推高开行筹资成本，增加筹资难度，甚至带来发债流标风险；从长期看，将影响开行和整个银行业的流动性管理策略。”①

正如胡怀邦所言，“钱荒”事件折射出国开行更深层次的问题，那就是它的债券银行模式正受到挑战。

随着存款利率市场化的推进，银行同业间的存款争夺更加激烈。加上监管部门加强影子银行监管，加速同业去杠杆化，市场的流动性压力不断上升，国开行的发债变得越来越艰难。不难想见，商业银行自身的流动性已令人担忧，用于买债的资金自然就会减少。

“国开行要想继续维持庞大的债券供给，需要进一步提高国

① 摘自胡怀邦在国家开发银行 2013 年第二季度工作会议上的讲话。

开债收益率，以增加对保险和基金类机构的配置吸引力，但这将考验国开行的负债成本承受能力。”一位从事固定收益业务的人士表示。

2013年下半年，国开行债券收益率上扬近180个基点，接近6%。国开行内部的一项数据表明，在期限缩短的情况下，2013年国开行债券的平均发行成本上升了0.31个百分点。资金来源的不确定性，以及资金成本的高企，无疑将束缚国开行的业务发展，压缩其利润空间。

还有一个让国开行人感到困扰的情况是，国开行是地方政府融资平台的开创者，经过10余年银政合作的扩张和深入，已成为地方政府融资平台贷款余额最大、占比最高的银行。但这项过去的创新业务、现在的主营业务正受到监管部门的警示和强力约束，而关于地方融资平台风险巨大、资金链即将断裂的言论一度甚嚣尘上。

政府部门的各个层面都举起了防范风险的大旗：中央多次强调要严控地方债务规模扩张，防范融资平台资金链断裂的风险；银监会把缓释平台贷款风险作为防范金融风险隐患的首要任务，对平台贷款实行“降旧控新”政策；财政部全面排查地方政府债务，土地财政难以持续，国开行过去常用的BT（建设—移交）方式和将储备土地预期收入作为平台偿债来源的运作模式受到限制。

在外部监管的高压下，国开行一方面压缩了财政实力较弱、债务率超标、贷款投向不符合调控要求的平台项目，另一方面对存量项目进行“逐包打开，逐笔核对，重新评估，整改保全”，把风险降到最低。同时，继续支持那些债务率良好、运作规范、贷款投向好、审批手续齐全的项目，避免因为项目资金链断裂出现“半拉子”工程。

除此以外，国开行在“两基一支”领域的传统优势也在激烈的同业竞争中被蚕食。比如，中央提出推进新型城镇化建设后，几家大型商业银行都把城镇化作为重点支持领域，高歌猛进，在城市基础设施建设方面争抢项目。而在国际合作领域，重点国家、重点客户和重点项目的竞争激烈程度也丝毫不亚于国内，使国开行的外汇贷款业务增长变得乏力。

竞争的结果，往往是被动压价。一些分行为了拿到项目，不惜下浮贷款利率，以价搏量，结果利差空间被压缩，个别项目几乎成了赔本赚吆喝的买卖。这一点国开行内部也有所反省，“我们的定价管理有点粗放”。负债端的成本提高了，资产端的价格却被压低了，就导致利润增长渐渐有些乏力。

最难的其实还不是以上这些。各个政府部门对国开行改革的意见不统一，尤其是对其发展方向到底是走向彻底的“商业银行”，还是回归“政策性银行”莫衷一是，使得国开行的改革处于“进退两难”的境地。

各方僵持、角力的格局在2013年11月12日终于被打破。当日召开的党的十八届三中全会通过了《中共中央关于全面深化改革若干重大问题的决定》，其中写道：“建立开发性金融机构，加快同周边国家和区域基础设施互联互通建设，推进丝绸之路经济带、海上丝绸之路建设，形成全方位开放新格局。”这是“开发性金融”首次出现在中央全会上。

接下来的信息给了国开行更多信心。2014 年 4 月 2 日召开的国务院第 43 次常务会议，首次总结了开发性金融依托国家信用、服务国家战略、资金运用保本微利的特点，正式把“开发性金融”与发挥国开行作用联系起来，标志着开发性金融在我国金融体系中的地位获得了国家层面的认可。

第三节　改革“三步走”路线图

为破解这一连串错综复杂的问题，国开行新的领导班子再次擎起了“改革”的大旗。

“2014 年工作的主题是改革，主要包括国家改革、深化开行改革、推进内部改革。改革是推动和解决发展中问题的总开关和总钥匙。”胡怀邦在国开行 2014 年年会上说，国开行要在新的形势下化解风险，实现集团架构的搭建、信贷结构的优化、业务流程的再造和经营结构的调整，必须用改革的思维去谋划，用改革的办法去推进。

其实，胡怀邦刚到国开行两个多月，就确立了“以改革促发展”的基本思路。他与董事会、管理层周密策划，制订了深化改革“三步走”的战略，并在 2013 年第二季度工作会议上向全行员工进行宣讲。

胡怀邦如此阐释他们规划中的改革“三步走”路线图：第一步，当务之急是解决长期债信问题；第二步，借鉴 KfW（德国复兴信贷银行）等国际开发性金融机构的成功经验，适时拓展新的业务平台，搭建涵盖政策性和商业性业务的银行控股集团架构；第三步，推动国开行立法，将国开行业务发展和监管考核等纳入法制轨道。

简而言之，“三步走”即相继解决债信、集团架构、立法三大问题，最终把国开行建设成为国际一流的开发性金融机构，一个涵盖政策性与商业性业务的银行控股集团。

当时，国开行在债信问题上已经迈出了一小步，即获准将准主权级债信延迟两年至 2015 年底。“一年一延”变成了“两年一延”，但要想将这一债信长期延续下去，仍然需要与相关政府部门沟通，将债信与发展方向、机构定位一并解决。

至于搭建银行控股集团架构的设想，国开行 2006 年就提出过，但没有得到相关部门的认可。立法问题也是如此，他们数年前已向有关部门建议，针对国开行这种中长期信贷和债券类银行，制订债券类银行管理办法，也石沉大海。下一步就是继续推动相关部门立法，明确开行债信、法定机构和担保、税收优惠、资本补充、治理结构、监管标准等制度安排。

KfW 的案例，似乎提供了解决这一系列问题的钥匙。

德国复兴信贷银行是德国政府的开发性银行和中长期投融资机构，也是欧洲最大的开发银行。KfW 成立于 1948 年，是“二战”后联邦德国成立的第一家信贷机构，最初的任务是执行“马歇尔计划”涉及的资金运作和债务偿还，促进德国经济重建。此后，KfW 从单一信贷机构逐步拓展业务领域，成为提供贷款、投资、保险等综合金融服务的银行集团。

在国际金融危机中，KfW 对外代表政府参与救助希腊等行动，对内执行经济刺激政策，救助陷入困境的企业。2012 年，以资产规模计，KfW 已成为德国第三大银行；以收入计，已成为第五大银行。特别在经济下行期和应对金融危机中规模增长较快，如 2008—2012 年，KfW 资产规模增长 30%，年均增速 7.74%，远高于同期德国大型商业银行年均增速 0.11%。

KfW 由德国政府出资，其中联邦政府和地方政府分别持股 80% 和 20%，并通过发行中长期债券筹资。而且，KfW 集团虽有商业性业务，却并不影响被赋予国家信用，享有政府担保和零风险权重，并拥有 AAA 评级。

对国开行而言，最具借鉴意义的当数 KfW 的银行控股集团模式。

KfW 已成为一家涵盖政策性、商业性领域的银行集团，包括银行总部和 5 家子公司，并受政府委托战略持股德国邮政。其中，集团是业务和管理的主体，按照业务板块和地区双线管理。各业务板块和子公司互动互补，可以提供贷款、股权投资、夹层融资、资产证券化等多元化金融服务。在集团架构、分业经营的模式下，集团依托国家法定长期债信筹资，而商业化子公司按照市场价格向集团申请资金，避免政策套利。同时，德国政府对 KfW 专门立法，国家信用、业务范围、经营模式、公司治理和配套政策安排等均由 KfW 法规定。

集团化、综合化也是 CDC（法国储蓄托管银行）、KDB（韩国产业银行）等开发性金融机构的经验，有助于发挥机构的协同优势，形成规模效应，提供交叉服务，并分散风险。

第四节 组建住宅金融事业部

2014 年 6 月 26 日，银监会批复同意国家开发银行筹建住宅金融事业部。这是继国务院第 43 次常务会议之后一个实质性的进展。

国务院第 43 次常务会议释放出明确信号：确定由国家开发银行成立专门机构，实行单独核算，采取市场化方式发行住宅金融专项债券，向邮储等金融机构和其他投资者筹资，鼓励商业银行、社保基金、保险机构等积极参与，重点用于支持棚改及城市基础设施等相关工程建设。媒体将其称为“中国版住房银行的前身”，认为这是国开行曲线回归开发性金融的一种方式。

消息传来，国开行人无不喜出望外，欢欣鼓舞。住宅金融事业部，实际上是国开行新一轮改革与发展的重要切入口。它至少有三个方面的突破性意义。一是依托这个新的事业部，国开行将尝试“住宅金融专项债券”等创新工具，并争取国家增信支持，以此作为突破口，逐步完成“三步走”中的第一步——赢得债信政策的延续性和稳定性。

二是以事业部为基础，国开行未来可以设立独立的住房银行，搭建集团架构，此为改革“三步走”战略的第二步——完善集团架构。这也是承前启后的关键环节，其前端对接国开行的定位和发展方向，后端对接改革制度安排和配套政策。

三是可获得直接的项目收益。尽管“棚户区改造”一直以“民生工程”的定位在各级政府推进，但由于土地价值不断攀升，改造项目附加的商业价值亦相当可观。在多个特大型城市拟定的“加快推进城市棚户区改造”的方案中，几乎都有引导民间资本通过投资参股、委托代建等形式参与棚户区改造的执行办法，包括税费减免、配套商用开发建设用地等优惠政策，大有利润空间。

胡怀邦这样描述了他心目中的住宅金融事业部：“事业部是完善开行集团架构的一次全新尝试，要稳步推进改革创新，及时总结经验教训，为下一步深化改革探索路子、积累经验。”

住宅金融事业部组建始末

组建住宅金融事业部是国开行改革发展道路上的里程碑事件，也是中国在住宅金融制度上的一个创新。

2013 年 7 月，国务院发布《关于加快棚户区改造工作的意见》，要求 2013—2017 年完成各类棚户区改造 1000 万户。中国新一轮城镇化建设大幕开启。

棚改面临的是三个老问题——人、地、钱，即人到哪里去，土地怎么用，钱从哪里来。其中，钱的问题是关键。

众所周知，由于财力有限，“地方平台 + 土地财政”的传统模式已经不适应新型城镇化的要求，商业化资金对于棚改这类回报低、投入大、时间长的项目，热情不高。所以，作为介于市场与政府之间的开发性金融机构，国开行应是最好的破题者。

但起初，希望介入住宅金融创新领域的不止国开行一家。住建部也一直在研究修改《住房公积金管理条例》，希望将住房公积金管理中心升级为住房保障银行。

国开行当然不能任由这一重要目标旁落他人手中。为了掌握主动权，国开行积极介入住宅政策性金融机构方案的研究与设计，还组队赴安徽、辽宁、广东、四川、湖南、贵州、云南、陕西、浙江等 17 个省市开展城镇化专项调研。

他们调研发现，目前城镇化建设的最大难点不是地方政府负债过高，或土地资源的局限性，而是资金缺口巨大。

按照 2020 年实现 60% 城镇化目标测算，需新增投资 57 万亿元，除去动员社会资金 25 万亿元，还需政府类投资 32 万亿元，扣除财政收入，还有 6 万亿元缺口。而地方政府的直接投资能力差、手段少，缺乏合适的投资主体、产品和融资条件，尤其是中西部欠发达地区需要大额、长期的低成本资金，只能由政策性资金来填补。

随后，国开行向国务院提交了一揽子政策建议：如集中邮储、公积金、养老等数万亿元资金，投入到新型城镇化建设中；建议国家每年在信贷规模中单列 5000 亿元专项政策性贷款，来解决城镇化融资难的问题；比照棚户区改造的方式，在新型城镇化中恢复国开行的软贷款；给予国开行差异化监管等配套政策支持；等等。

一揽子建议，包含了一些具体、操作性强的措施，如“三个专项”“三个统一”。

“三个专项”是指，一是发放专项贷款，弥补城镇化建设中政府投资特定项目资本金及地方配套资金的阶段性缺口。二是委托国开行发行城镇化建设债券，国家给予增信。三是设立城镇化专项基金，由国开行或国开金融进行投资或资产管理；或由国家设立城镇化发展基金，纳入政府性基金预算管理，国开行发挥协同作用。

“三个统一”包括统一评级、统一授信、统借统还。统一评级，即对各级地方政府资信进行统一评级，严格审查资产负债表，设立负债“天花板”；统一授信，是在统一评级的基础上，对各类客户统一授信，控制债务融资额度，避免总量失控；统借统还，指按项目、客户、行业统一评审，完善信用结构，测算效益平衡，以丰补歉，控制信贷风险。

其实，在国开行内部看来，组建新型住房保障银行，非已莫属。因为十多年来，国开行对城镇化建设的投入可谓不遗余力，形成一套比较完整的开发性金融运作机制，已经是城镇化建设的主力银行。

仅2013年，国开行就发放城镇化贷款9968亿元，接近全行当年人民币贷款的65%；其中，发放棚户区改造专项贷款1060亿元。而截至2013年11月底，国开行累计发行金融债9.3万亿元，其中72%用于城镇化建设；发放软贷款3611亿元，其中70%用于城镇化建设。

而城镇化建设中的各种创新模式，也多半出自国开行之手。

如城市融资的“芜湖模式”，支持县域经济的“湖南模式”，建设小城镇的“苏州模式”，创新“大额融资，统借统还”的“天津模式”等，被各地纷纷效仿。2013年，国开行与发改委合作，开创了“债贷统筹”新模式，发行了岳阳城投、铜陵城投“债贷组合”企业债共33亿元。此外，他们还探索“投贷协同”，依托国开发展基金、武汉光谷产业发展基金、湖南“两型”基金等，为城镇化项目投资280亿元。

有这些历史成绩的铺垫和国开行的积极奔走，2013年6月，国开行甚至获得了重启软贷款的特权，财政部为其特批1000亿元额度软贷款，专项用于支持棚户区改造。到2014年，住宅金融事业部终于花落国开行。

一年注入棚改4000亿元

2014年8月29日，没有新闻发布会，也没有对外宣告，住宅金融事业部开始低调运转，总裁由国开行行长郑之杰兼任，副总裁由张旭光、杨文岐担任。从高级管理层的配备规格，可见事业部在国开行内部的地位。

郑之杰对笔者表示，开发银行介入棚户区改造并非着眼于商业利益，而是将其同民生、改革，及国家的发展挂钩。

“棚户区改造首先是个民生工程，党中央承诺，未来5年再改造各类棚户区1000万户，但这些棚户区多数是商业开发价值低、拆迁难度高的‘硬骨头’，资金仍是关键问题。从国际经验来看，仅靠商业化运作无法发挥政策最大效用，解决住房问题离不开商业化和政策性的双管齐下。”郑之杰说。所以国务院常务会议强调，必须抓住资金保障这个“牛鼻子”，把政策支持与市场机制结合起来，尤其要发挥好开发性金融的“供血”作用。

在他看来，这也是一条推动改革的路径，从中央到地方，到国开行，合力打造一个多元化、可持续的投融资机制。一方面，中央加大财政投入，发挥政府投资“四两拨千斤”的带动作用。另一方面，地方政府通过发债等方式拓宽棚改融资渠道，有助于建立透明规范的投融资体制。而国开行作为一个“供血体”，创新了“统一评级、统一授信、统借统还”的融资模式，提高了自身的融资能力和效率。此外，他们还引入了 PPP（政府和社会资本合作）等机制，吸引社会资金投入棚改建设。

郑之杰坦言，究竟是成立事业部好还是子银行好，他们也做过权衡。“棚户区改造大规模推动起来可能会有损失，必须单独考核，单独记账。当时也设想过设立子银行，但子银行需要独立的办公、人事、后勤保障等成本，会加大棚户区改造的成本，事业部制的话就会少很多”。

所以，住宅金融事业部的目标是，按照“市场运作、单独核算、保本微利、高效透明”的经营原则，为全国棚改提速提供成本适当、长期稳定的建设资金，并通过建立责权利相结合的管理体系和运行机制，推动住宅金融业务的集约化、专业化管理和长期可持续发展。

住宅金融事业部计划 2014 年发放棚改贷款 4000 亿元。但是，在棚户区认定标准、贷款支持范围、拆迁安置方式等问题尚未明确之前，怎样实现精准投放且有效控制风险，也是一种考验。

与地方政府合作，国开行驾轻就熟。国开行第一步是推动建设统贷平台，与地方政府共同建立贷款还款保障机制。这样既可以带动国有工矿、林区和垦区等边远贫困地区的棚改，又可以弥补国开行机构、人员不足，缩小管理半径，防范政府债务风险。

第二步是建立"快通道"审议机制，为多家分行量身定制棚改合同，促进贷款发放又好又快。同时提高补偿比例，对东、中、西部及东北过桥贷款执行差异化标准。

"在棚改过程中，各个关键环节都不能是糊涂账，我们争取把每一个项目打造成阳光项目，把每一笔贷款打造成阳光贷款。"郑之杰说。他要求事业部坚持全流程风险防控，严格贷款投向、资金使用和本息回收管理，防止资金违规挪用到商业地产。

针对棚改业务特点，国开行专门设计了"约法三章"，即"计划精准对接、债务风险管控、完善资金管理、立体贷后管理"的风险防控体系。

按照"风险可控"的原则，国开行根据地方棚改需求和财力，确定了项目建设方案、总投资水平和贷款规模，建立了地方政府债务控制体系；同时，加强对省级和各地市财力、负债水平的动态分析，避免投融资总量失控，管控地方政府债务风险和信贷风险。

在资金管理方面，国开行制订了贷款资金"借、用、管、还"机制，进而明确省、市、县在国开行信贷资金的使用和偿还方面的责权利等，严格资金监管；在重点坚持省级统贷、财政统筹还款基础上，国开行还强化对项目自身收益的分析测算，多渠道做实还款来源。①

“若项目建设第一笔资金不落实，则其他资金就会卡壳。所以，国开行更多的是发挥杠杆撬动力，为后续资金稳定进入奠定基础。”郑之杰说。

住宅金融事业部的成立对于全国棚户区改造而言，无疑是一场“及时雨”。2014 年末，国开行如期交出一份成绩单：全年发放棚改贷款 4086 亿元，支持了全国 30 多个省（区、市）棚户区改造，涉及总建筑面积约 8.6 亿平方米，惠及棚户区居民近 875 万户。

棚改项目引入创新融资模式

2015 年 4 月 17 日，国务院总理李克强考察国开行，提出开发性金融要加大对国家战略和重点项目的支持力度，发挥开发性金融在稳增长结构中的重要作用。

在辽宁为官的几年使李克强深知棚户区的现实情况，他在考察国开行时特别提及了这一点：“大家多去棚户区看看，深入一线，切身感受，才能将心比心。要加强东北沉陷区棚改工作，不能让群众睡在‘火山口’上。希望开发银行围绕国家棚改工作部署，加大力度支持棚户区改造和城市基础设施配套工程建设，保

① 郭炎兴．服务国家民生工程　办好棚改主力银行——访国家开发银行行长、住宅金融事业部总裁郑之杰［J］．中国金融家，2014（12）．

质保量完成国家交办的任务。”[①]

国开行很快用行动回应了这份嘱托。2015 年 6 月底，国开行黑龙江分行与黑龙江省签订了“四煤城”采煤沉陷区棚改项目首笔金额为 35.6 亿元的贷款合同，期限 25 年，执行棚改优惠利率 4.495%，签约当日发放 1 亿元。

除了传统的贷款，国开行还希望寻找一种创新的融资模式。在改造吉林市哈达湾老工业区时，他们尝试运用“投贷一体”模式，即吉林市政府整合资产，注资 19.5 亿元，国开金融出资 10.5 亿元，共同成立国开吉林投资有限公司，同时以“项目公司”作为新的融资主体，向国开行贷款 74 亿元。这种融资方式很受开发企业的欢迎，调动起了商业资本的活力，实行统一征地、净地出让、土地费用定额承担、均衡使用等。

在新一轮棚改项目中，国开行对吉林省 2013—2017 年的综合授信达 300 亿元，包括软贷款回收再贷、中长期贷款、债券授信，即“发放专项贷款、发行专项债券、设立专项基金”。软贷款可充当项目资本金，解决了各市县出资能力不足的问题；中长期贷款期限长达 15 年，缓解了未来的还款压力；债券授信进一步增加了资金的来源。

除了自己大力投入外，国开行还尽量引导同业进入棚改项目。2016 年，国开行筹组棚改银团 106 个，撬动同业资金 451 亿元，累计引导社会资金 3718 亿元；还率先发行 217.76 亿元棚改专项

① 资料见于 http://www.gov.cn/zhuanti/2015-04/17/content_2848757.htm。

资产证券化产品。截至2017年6月末，国开行累计发放棚改贷款超3万亿元，贷款余额2.46万亿元，同业占比约75%，帮助约2000万户棚户区居民“出棚进楼”实现安居梦。

第五节 精准扶贫再加力

2016年4月下旬，银监会同意国开行、农发行分别设立扶贫金融事业部。5月31日，国开行扶贫金融事业部正式挂牌成立。

挂牌当日，国开行行长郑之杰表示，扶贫金融事业部将通过精准支持措施、精准管理手段、精准信贷服务，全面加大对脱贫攻坚的支持力度。一是围绕易地扶贫搬迁、农村基础设施、产业发展和教育医疗等贫困群众最迫切需要解决的问题，创新金融扶贫的方式方法。二是坚持融资融智两手抓。充分发挥国开行向贫困地区派驻的183名金融服务专员的作用，从规划编制、信息服务和融资模式设计等方面为贫困地区提供智力支持。三是处理好业务发展、风险防控和扶贫效益的关系，真正做好金融扶贫。

这个新的事业部成立有一个重要背景，2015年11月，中央扶贫开发工作会议决定，“十三五”期间将对7017万人口实施精准脱贫战略，确保其稳定脱贫；要做好金融扶贫这篇文章，加快农村金融改革创新步伐。

不过，受制于贫困人口抵押物不足、贫困地区金融生态不健全等因素，商业银行对贫困地区的贷款投放一向不足，国开行的介入就有了雪中送炭的意味。

以甘肃省为例，由于自然条件严酷，水资源短缺，农村的饮水问题一直是一个大难题。经过2004年、2009年两次调查评估，全省有1526万人饮水不安全，占农村总人口的72%。

2005年，国家正式启动农村饮水安全工程建设，国开行为甘肃扶贫试点县农村饮水安全工程项目提供贷款，在甘肃临潭、临夏7个扶贫试点县，新建和维修改造农村集中供水工程300多处，解决了当地92.33万人的饮水安全问题。

甘肃省水利厅厅长魏宝君在2015年接受采访时表示，甘肃省利用国开行贷款和申请中央新增藏区饮水安全专项资金等，加大力度解决农村饮水不稳定问题，农村自来水普及率由2005年的25.8%提高到目前的80%。

当然，甘肃省的饮水项目仅是国开行扶贫金融业务中很小的一部分。胡怀邦表示，2016—2020年，国开行将安排扶贫开发融资总量1.5万亿元以上，这些资金的投放要遵循三个方法。一是以易地扶贫搬迁为切入点，打好脱贫攻坚战的第一仗。帮助地方政府建立和完善省级投融资主体，支持地方政府编制“十三五”易地扶贫搬迁规划。帮助地方政府理顺投融资模式和机制，根据搬迁任务合理制订年度筹资方案和资金安排。

二是以基础设施建设为着力点，破除发展瓶颈制约。以集中连片特困地区为突破口，加大对重大基础设施的支持力度。同时，探索以整村推进为重点，打通贫困地区基础设施建设的“最后一公里”。

三是以产业发展为突破口，增强贫困地区发展内生动力。完善和推广“四台一会”模式，促进贫困地区金融生态环境改善。融资支持各类产业园区建设、特色产业和文化旅游产业发展，建立产业发展与农民利益紧密结合的可持续增收脱贫机制。借鉴助学贷款模式，创新开展扶贫小额信用贷款，支持贫困农户发展特色产业。探索与地方农村金融机构合作，共同开展对全国农户贷款的新模式和新方法。

截至2016年第一季度末，国家开发银行扶贫贷款已覆盖832个国家级贫困县和集中连片特困县中的727个县，累计发放扶贫开发贷款1.57万亿元，贷款余额9676亿元。该项贷款主要用于支持贫困地区基础设施、特色产业、农户脱贫致富以及教育卫生等领域项目建设。

第十七章　定位开发性金融

提要　绕了一大圈，国开行的改革定位最终落在了“开发性金融”上，几代国开行管理层的夙愿终得以偿。那些曾经剪不断理还乱的争议，逐渐成为后退的风景。三件大事相继落定：彻底解决了长期债信问题，银行控股集团架构基本成型，期待已久的《章程》终于获批。这“三步走”战略的实现，为国开行完成了历史性的制度安排，注入了持久的发展动力。而“一带一路”倡议的提出，则为国开行快速发展拓展了空间。

第一节　定位开发性金融

2015 年 3 月 20 日，国开行成立第 21 个年头，国开行人终于迎来了冀望已久的一天——国务院批复了国开行的深化改革方案，将国开行明确定位为开发性金融机构。

方案对国开行提出的最新要求是，适应市场化、国际化新形势，充分利用服务国家战略、依托信用支持、市场运作、保本微利的优势，完善开发性金融运作模式，积极发挥在稳增长、调结构等方面的重要作用。

同一时间获得批复的进出口银行被定位为政策性银行。农发行的改革方案则于2014年底获批，同样定位于政策性银行。国务院要求三家银行合理界定业务范围，强化资本约束机制，加强规范治理。媒体将这次深化改革的核心内容概括为：调定位、划范围、控风险。

“从多年前提出开发性金融理论，到转型商业银行，再到今天被国家正式承认开发性金融的定位，真是柳暗花明又一村，整个过程太不容易了。”一位国开行人感慨。

开发性金融获高度认可

从2004年初步确立开发性金融理论框架，到2015年国开行的开发性金融机构身份被国家确认，这条道路是数千位国开行人用11年的实践一步步走出来的。

在国开行的网站上，开发性金融是这样被定义的：开发性金融是政策性金融的深化和发展，以服务国家发展战略为宗旨，以国家信用为依托，以市场运作为基本模式，以保本微利为经营原则，以中长期投融资为载体，在实现政府发展目标、弥补市场失灵、提供公共产品、提高社会资源配置效率、熨平经济周期性波动等方面具有独特优势和作用，是经济金融体系中不可替代的重要组成部分。

开发性金融的基本内涵包括：

以服务国家战略为宗旨，始终把国家利益放在首位，致力于缓解经济社会发展的瓶颈制约，努力实现服务国家战略与自身发展的有机统一。

以国家信用为依托，通过市场化发债把商业银行储蓄资金和社会零散资金转化为集中长期大额资金，支持国家建设。

以市场运作为基本模式，发挥政府与市场之间的桥梁纽带作用，规划先行，主动建设市场、信用、制度，促进项目的商业可持续运作。

以保本微利为经营原则，不追求机构利益最大化，严格管控风险，兼顾一定的收益目标，实现整体财务平衡。

以中长期投融资为载体，发挥专业优势，支持重大项目建设，避免期限错配风险，同时发挥中长期资金的引领带动作用，引导社会资金共同支持项目发展。

2015 年 3 月博鳌亚洲论坛期间，中国人民银行行长周小川接受媒体采访，第一次系统地阐释了他对开发性金融的理解。

周小川说，开发性金融与政策性金融的区别在于，政策性金融强调政策需要，不太强调盈亏，亏损会由国家补贴，因此容易引发争议。而开发性金融开展的是符合国家发展战略但不亏损的业务。尽管业务随着国家战略的导向会发生动态变化，但经营方针是总体上不能亏损。[①] 他认为，传统的商业金融体系缺少中长期融资的支柱。中短期的业务可能商业性金融能做好，长期的业务却有空缺，需加以补充。开发性金融可以发挥补充市场和培育市场的功能。

在周小川看来，国开行开展开发性业务改善资产质量的举措对进出口银行和农发行也产生了重大影响。进出口银行也开展了不少自主决策的自营业务，符合国家发展战略，同时自负盈亏、不寻求财政补贴。农发行2004年就扩大业务范围至“农业综合开发贷款”，自负盈亏，也属于开发性金融。

表17-1　国开行、进出口银行和农发行财务状况

单位：亿元，%

年份	国开行			进出口银行			农发行		
	资产	不良贷款率	净利润	资产	不良贷款率	净利润	资产	不良贷款率	净利润
1998	5255	32.63	7	438	13.93	0.8	8212	27.23	0.97
2002	10417	1.78	119	1102	5.01	0.63	7645	42.76	2.09
2014	103170	0.65	977	23675	1.04	42.82	31422	7.13	140.8

资料来源：作者根据相关统计数据绘制。

胡怀邦曾在一篇文章里阐释对盈利性的基本看法，就是以保本微利为原则。“开发性金融不单纯追求股东利益，不以盈利为首要目标，但也不是只负责资金分配的预算部门，不是帮扶救助

① 由曦，曲艳丽．政策性金融再定位——专访中国人民银行行长周小川［J］．财经，2015（8）．

的社会福利机构，而是按照‘服务发展、管控风险、适当盈利’的经营方针，坚持算大账、算战略利益账，兼顾资产质量和一定的收益目标，实现机构持续健康发展。”①

但上一轮改革中，国开行一度被定位于“商业银行”。回顾这段刚刚过去的历史，周小川表示，2006—2007 年，全球金融危机尚未发生，正处于政策性金融商业化转型思潮的高峰期。在当时的背景和形势下，确定将国开行转型为商业性金融机构。到了应对国际金融危机时，国家又觉得需要发挥开发性金融的作用来服务国家战略和应对金融危机。

绕了一圈，国开行的改革最终走回到“开发性金融”。这是中国经济增速换挡、经济转型的需要，是弥补政府和商业金融失灵的需要，更是开发性金融 20 年开疆拓土的硕果。

注资 480 亿美元

这轮改革的重要内容是帮助政策性银行和开发性银行建立资本约束机制。

2007 年年末，国开行获得了外汇储备注入的 200 亿美元，资本充足率有所提高。但国开行盘子大，发展速度快，资本金很快便捉襟见肘。到 2015 年 6 月末，国开行的资产总额达到 10.6 万亿元，贷款余额 8.4 万亿元，且贷款多为长期、大额，集中度高，资本消耗大，需要更多资本金来增强抗风险能力。

---

① 胡怀邦 . 开发性金融的国家使命［J］. 中国金融，2014（4）.。

周小川一直高度关注国开行的资本金问题。2015 年 3 月他接受媒体采访时说："三家银行尚未解决好的问题之一是资本充足率及资本约束机制，这会降低内控和监管的有效性，也会在会计和贷款分类上出现讨价还价的机会，容易出现过度扩张和财务隐患。"

这是周小川第一次公开且深入地谈论政策性银行的缺陷。他说，政策性机构容易有过度扩张的冲动，只注重执行国家计划而不在乎盈亏，盲目扩张规模；往往对可持续发展重视不够，容易有约束机制（特别是资本约束）欠缺和反复申请政策优惠的倾向。"特别是当自营业务已占一定比例……只有补充了资本，达到一定的资本充足率，才能真正建立起约束机制。"

周小川认为，资本约束在一定程度上可以解决商业银行和政策性银行之间的争议。政策性银行经常被诟病的便是没有资本约束，所以二者成本不一样。既然对银行真正有效的是资本约束，政策性银行的改革也应推行资本约束，参照《巴塞尔协议》和通用的银行监管规则计算资本需求。"如果一个项目是国家明确指示去做的，该资产出现损失后国家有意承担的话，可以把风险权重稍微降低，因为毕竟有国家兜底。这样的话，争议也就少了。"周小川说。

解决资本充足率问题，三家银行可以采取不同措施。可以从体现公共性、国家利益的战略出资人中选择注资主体，包括财政、社保基金和其他一些体现公共性的投资主体。过去国开行和进出口银行借用了部分外汇储备发放"走出去"贷款，可以实施债转股并阶段性持股。"总之，政策性、开发性金融机构改革的核心仍是要强调资本约束和资本充足。”周小川说。

如此完整的阐释，表明央行及更高决策层已对三家政策性银行的注资问题有了明确答案。2015 年 8 月 18 日，央行宣布，国家外汇储备通过投资平台公司梧桐树分别向国开行和进出口银行注资 480 亿美元和 450 亿美元。

注资后，国开行的注册资本由人民币 3067 亿元增加到 4212 亿元，所有者权益从人民币 6676 亿元增加到 9863 亿元。财政部、汇金公司、外汇储备、社保基金的持股比例分别达到 36.5%、34.7%、27.2% 和 1.6%。进出口银行的注册资本从人民币 50 亿元增加到 1500 亿元，所有者权益从人民币 282 亿元增加到 3085 亿元，财政和外汇储备出资比例分别为 10.7% 和 89.3%。

由此，国开行的资本金缺口得以弥补，对于监管部门而言，约束缺位的问题也得到了解决。人民银行有关部门负责人表示，国开行和进出口银行的资本充足率分别提高到 11.4% 和 12.8%，有助于他们建立以资本充足率为核心的约束机制，解决发展中缺乏有效约束的问题。另外，此次注资有助于更好地发挥开发性金融和政策性金融的作用，加大对“一带一路”、棚户区改造、京津冀协同发展、国际产能合作等领域的支持力度。

资本缺口基本补足后，后续补充机制又该如何安排？很多人关心，未来政策性银行是否会引入战略投资者进而上市。

对此，周小川表示，这一轮改革先主要解决约束机制和功能定位等问题。之后开发性业务应该会有一定盈利。如果资本积累略低于扩张速度，国家可以视能力提供补充资本。如果国家没有补充，未来的业务需求又大于资本自我补充速度，那么有两种选择：一是按资本自我补充的速度控制业务扩张，少做一些、做精一点；二是吸收其他资本。

“到目前为止，改革方案没有提到是否在资本市场做股权融资，未来有两种可能性：一是刚刚达到保本微利，尚不具备足够的吸引力上市融资；二是把业务切成几块，其中有一块可以独立出来发行并上市。”周小川说。

外汇储备注资480亿美元后，顺理成章，央行也派出了董事，在国开行的董事会中拥有投票权。此外发改委、财政部、商务部等相关部委负责人也作为部委董事被派驻到国开行，以便在重大决策中参与统筹协调。

对此安排，周小川如此解释：“三家银行的董事会是混合型，因为他们承担着服务国家发展战略的职能，所以政府代表的比重会大一些；同时也要有出资人利益的代表，达到较好的平衡，既要有资本约束、保持财务健康，也要切实符合服务国家战略发展需要的方向。”

2017年9月，银监会制订了《国家开发银行监督管理办法（征求意见稿）》，对国开行的资本管理提出了更明确的规则，要求国开行建立健全以资本充足率为核心的资本约束机制，建立内源性资本积累与外源性资本补充相结合的动态、可持续资本金补充机制，通过采取限制资产扩张、盘活资产存量、减少或免于分红、利润转增资本、国家追加注资，发行符合监管要求的各类资本补充工具等措施，确保资本充足率达到监管标准。

业务边界有待进一步厘清

尽管人们对开发性金融与商业银行的角色定位有所区分，但对于如何准确界定二者之间的业务范围，仍难以达成共识。

对业务范围的争议伴随了国开行诞生以来的20余年，尤其是最近几年，国开行的业务规模突飞猛进，早期培育的行业发展起来之后，资金并无明确的退出机制和策略，而后期商业银行蜂拥而入，难免产生重合、竞争。不仅引发了公平竞争的质疑，也增加了监管的难度。

与之密切相关的另一个核心问题，则是风险的划分与承担。即开发性业务和商业性业务所造成的风险应分账管理、分类核算，明确责任和风险补偿机制。一般认为，对于政策性业务，规模应由财政核定，风险也由财政兜底，而商业性业务则实行风险、收益自担。

中央汇金公司原总经理谢平曾假设改革的两种方案，一种是机构分立，另一种是分账，其中机构分开比分账要好，可避免道德风险。但就国开行目前的状况而言，机构分设不现实，分账管理更具操作性，这也是此次国务院批复的改革方案中主张的意见。

本次改革方案明确，国开行主要从事开发性业务，如新型城镇化、保障性安居工程、“两基一支”、支持“走出去”、科技人文等。但这些领域非常宽泛，对于怎样区分政策性业务、开发性业务、商业性业务，是按照期限、额度、行业、地域还是发展阶段来划分，应当参照什么指标，没有现成的标准。

从财政部的角度来看，政策性业务的规模决定了财政需要兜底的风险敞口大小，所以他们会倾向于严格界定业务的边界，约束业务发展规模。

从商业银行和国开行的角度来看，政策性业务边界决定了二者在多大范围内存在业务交叉和冲突，出于利益考虑，必然有各自扩大业务范围的要求。何况一些涉及国家战略的项目本身也有一定商业效益，很难说应归属于商业性还是政策性业务范畴。

周小川则希望大家不要过度解读“政策性业务”的强制性。通过实际账面数据不难发现，国家指令性业务的比例相当低。这类业务有两种做法：第一种是事前规定补贴金额，看哪家银行愿意做,政策性银行和商业银行都可投标。2007 年主要想走这条路，但发现有难度，事前承诺补贴有时不易做到。第二种是承诺事后给予兜底，风险权重得以降低，可设置和商业银行一般贷款业务不一样的风险权重，在内控和监管标准上就不再另开口子了。

“更多的情况是，国家并没有指定非要某一家金融机构做，政策性、开发性金融机构觉得能做就做，不能做也不强求。主体还是三家银行自主决策的自营性金融业务。”周小川说。

这类核心问题，自然在国开行内部有过无数的讨论和研究，也有过无数的版本随着各类方案呈递给有关部门，都因缺乏共识而不了了之。

胡怀邦 2015 年发表了一篇文章，从贷款期限、额度、盈利性、项目成熟度等方面，对开发性金融机构和商业银行的业务范围进行了原则性的区分：商业银行主要开展零售业务和短期金融服务，开发性金融机构以中长期投融资业务为主，资产具有长期大额集中特征，主要投向“两基一支”、社会民生及国际合作等开发性领域。①

他认为二者的市场角色是不同的。商业银行是商业性金融业务的主力，但出于盈利性和安全性考虑，难以主动进入市场空白、信用缺损的瓶颈领域和薄弱环节。开发性金融机构则积极支持国家战略需要但盈利能力较弱的项目，建立“政策入口—开发性金融孵化—市场出口”的机制，在市场空白、缺损的领域主动建设市场、信用和制度，为商业银行贷款“铺路搭桥”。从市场建设的角度看，开发性金融机构与商业银行是“先行”与“跟进”的关系，最终形成合力。②

胡怀邦表示，国开行接下来会更加聚焦国家的战略重点，主动加强政策对接和储备，优化资源配置，围绕棚改、铁路、水利、新型城镇化、城乡一体化等重点领域，“中国制造 2025”“互联网 +”等转型升级方向，以及京津冀协同发展、长江经济带等重大发展战略，加大投融资力度，发挥开发性金融的逆周期稳增长作用。

2017 年银监会制订的《国家开发银行监督管理办法（征求意见稿）》中，明确国开行“应坚守开发性金融定位，根据依法确定的支持领域和经营范围开展业务，以开发性业务为主，辅以商业性业务”。但并没有解释开发性业务具体的范围和边界，只提

① 胡怀邦 . 开发性金融的新担当 [J]. 中国金融 ,2015(12):16–18.
② 胡怀邦 . 开发性金融的新担当 [J]. 中国金融 ,2015(12):16–18.

出“应发挥中长期投融资作用，加大对重点领域和薄弱环节的支持力度”，以及“应积极践行普惠金融，可通过与其他银行业机构合作，开展小微企业等薄弱领域金融服务”。

同时，该办法强调，国开行应遵守市场秩序，不得与商业性金融机构进行不正当竞争；董事会应每三年或必要时对业务进行评估，确保符合开发性金融定位，并制订调整方案，按规定程序报批。这或许意味着，开发性金融机构既有自己的领地，与商业银行的市场交叉和竞争也将继续存在。

第二节 “三步走”战略收官

2017年1月16日，胡怀邦在国开行2017年度工作会上宣布，《国家开发银行章程》日前获国务院审定批准，国开行深化改革实现重大突破，深化改革“三步走”战略成功实现。

长期债信、集团控股、立法，是国开行解决机构定位、运行模式、配套支持政策、公司治理等长期发展问题的关键三步，亦是难度很高的三步。

债信问题解决于2015年5月21日，银监会明确国开行债信风险权重长期为零，即银行业金融机构投资于国开行的金融债券视同对政策性银行债权，风险权重为零，不设到期日。此举最大的意义在于，稳定了投资人对国开债的信心，使国开债不断上扬的利率得到平抑，结束了国开行资金成本上涨的忧虑。有人算了一笔账，债信政策落实前，国开行的发债成本要高于进出口银行和农发行 10~20 个 BP。政策落实后，则低于后者 10 个 BP 左右。

“三步走”战略的第二步是建立集团架构。国开行已拥有国开金融、国开证券、国银金融租赁、中非发展基金等子公司，而随着住宅金融事业部、扶贫金融事业部、国际业务准事业部和国开发展基金的逐步设立，一个完整的金融控股集团架构已基本成型。

旗下子公司的引资、上市进展迅速。国银租赁于 2016 年 7 月 11 日在香港联交所挂牌，资本金补充到位后达 126 亿元，成为国内资本实力最雄厚的租赁公司，也是由银监会监管的第一家上市的金融租赁公司。国开证券则在 2016 年 12 月引入了中广核资本控股、湖北交通投资集团两家投资者，融资 36 亿元，完成了专业化、市场化改革，为未来改制上市奠定了基础。

国开行内部也早已明确了“集团一体化管理”，即以银行本部为主体，事业部与子公司相结合的银行控股集团架构，形成表内表外互补联动、“投、贷、债、租、证”综合服务的业务格局。

周小川曾公开表示，开发性金融机构实行集团架构是国际通常做法，世界银行集团、KfW 都是典型的集团架构。世界银行集团下属机构之一的 IFC（国际金融公司）商业性特征比较浓；而集团成员之一的 IDA（国际开发协会），则援助色彩比较浓厚；另一成员 IBRD（国际复兴开发银行）也是开发性机构，以支持中等收入国家为主。

“三步走”战略的第三步是立法。2016 年 11 月，国务院审定批准了《国家开发银行章程》，明确“开发银行定位于开发性金融机构”，诠释了“服务国家战略、依托信用支持、市场运作、保本微利”的开发性金融二十字特征，在机构性质、支持领域、债信政策、治理结构、组织架构、风险管控、监管评价等方面做出了专门安排，并强调了党的领导和党建工作。

国际上不少开发性金融机构成立之初就专门立法，制订资产规模增长的比例和幅度，以避免越位，与商业性金融机构不公平竞争。同时也可避免简单套用商业银行的监管标准，与其中长期投融资银行和债券银行的定位不符。

“三步走”战略的完美收官，是国开行历史上的重要里程碑，不仅从根本上解决了国开行在机构定位、运行模式、配套支持政策、公司治理等方面长期面临的问题，搭建了适应服务战略需要的集团架构体系，而且把符合国情特征和开发性金融实践的一系列理念、方法、经验上升到制度层面，做出系统性的制度安排，为国开行长远发展奠定了坚实基础，注入了持久动力。

第三节 “一带一路”开创国际业务新格局

从发起设立“上合组织银联体”“中国–东盟银联体”“金砖国家银行合作机制”等国际组织，到运作250亿美元石油大单，国开行的国际业务连连上演大手笔。

然而，在国际政治经济形势严峻，国内经济下行，以及日益激烈的同业竞争下，国开行的国际业务也曾走入低谷。比如外汇存款增速降低，外汇贷款利润回报不高，不良贷款率上升，市场份额下降，等等。

2013 年，一个新的国际业务发展契机出现了。这年秋天，国家主席习近平在访问哈萨克斯坦和印度尼西亚时，分别提出了建设“丝绸之路经济带”和“21 世纪海上丝绸之路”的战略构想，希望相关各国打造互利共赢的“利益共同体”和共同发展繁荣的“命运共同体”。这就是“一带一路”。它贯穿欧亚大陆，东连亚太经济圈，西入欧洲经济圈，沿线国家总人口约 44 亿，经济总量约 21 万亿美元，分别占全球的 63% 和 29%。

国开行人意识到，这是一个拥抱国家倡议、加速自身发展的新机遇。2013 年 12 月，在国家主席习近平向世界介绍“一带一路”倡议两个月之后，国开行就成立了由行长郑之杰任组长，副行长李吉平、赵晓宇任副组长的“一带一路”建设领导小组，统筹全行力量，全方位地参与到“一带一路”建设中。

拥抱“一带一路”建设

“‘一带一路’建设具有项目回收周期较长、资金需求规模巨大等特点，具有市场化运作、财务可持续和注重长期投资等优势的开发性金融可在其中发挥重要作用。开发性金融既不同于减让式贷款，又不同于商业性金融，是一种独特的金融形态。”周小川在一篇文章中写道。①

① 周小川 . 共商共建“一带一路”投融资合作体系 [J]. 中国金融 ,2017(9):6–8.

周小川认为，以国开行为代表的中国式开发性金融业务具有多重优势，可以在“一带一路”资金融通中发挥重要作用。一是不靠政府补贴，自主经营，并且可连接政府与市场、整合各方资源；二是注重长期，可为特定需求者提供中长期信用支持；三是可对商业性资金起引领示范作用，以市场化方式予以支持。①

正因为此，在“一带一路”倡议中频频现身的各类金融机构中，国开行的参与深度无人能及。从2013年开始，国开行围绕基础设施互联互通、能源资源合作、国际产能合作等倡议，配合新欧亚大陆桥、中蒙俄、中国—中亚—西亚、中国—中南半岛、中巴、孟中印缅六大国际走廊建设，融资推动中哈原油管道、中亚天然气管线、中缅油气管线等一批重大项目。同时，国开行还大力支持中资企业通过工程承包、投资等方式参与合作国的基础设施建设，推动中资企业“走出去”。

为助力贸易畅通，国开行积极推进国际产能合作和装备出口。如结合沿线国家资源禀赋，推动中国与印度尼西亚、老挝、哈萨克斯坦等国的产能合作及产业园区开发，极大地促进合作国的产业发展，提升了经济活力。著名的印度尼西亚雅万高铁项目和英国HPC（欣克利角）核电项目都得到了国开行的支持。

国开行积极配合领导人访问，围绕国家外交重点，推动油气、矿产、电力、电信基础设施等领域多项意义重大的合作项目。截至2017年6月末，国开行与“一带一路”相关合作方签署140

① 周小川.共商共建“一带一路”投融资合作体系[J].中国金融,2017(9):6–8.

余项协议，涉及融资金额1300多亿美元。①

国开行比较擅长做规划，就与有关部委签订了合作协议，制订“一带一路”倡议规划行动方案，开展国别规划、区域规划、专项规划等，如“孟中印缅四方合作研究”和“中巴经济走廊远景规划”，并推动构建“中蒙俄经济走廊”和重点国别规划的编制，为“一带一路”建设凝聚国际共识、谋划重大项目创造有利条件。

正如周小川所说，“一带一路”倡议的核心是共商、共建和共享，不能靠一个国家单打独斗，需要沿线国家共同努力才能搞好投融资合作。无论是上合组织银联体还是中国－东盟银联体、金砖国家银行合作机制，国开行都是主要的发起方和推动者，与各成员国合作密切。细数下来，国开行已陆续与近100个区域、次区域金融机构以及合作国的中央银行、开发性金融机构、商业银行有合作关系。利用这些经贸合作的桥梁，国开行输出了“投、贷、债、租、证”综合金融服务，把国际结算、贸易融资、财务顾问、资产证券化、银团贷款等十八般武艺都用上来，为“一带一路”重大客户提供全方位、一站式金融服务。

在2017年5月召开的“一带一路”国际合作高峰论坛上，郑之杰表示，国开行已经为“一带一路”沿线国家提供了1600多亿美元的资金支持，包括雅万高铁等重大项目。

① 郭炎兴．为“一带一路”建设注入开发性金融能量[J]．中国金融家，2017(8):117–118.

3 年发放 2500 亿元专项贷款

在“一带一路”国际合作高峰论坛上，中国宣布将加大对“一带一路”建设资金支持，向丝路基金新增资金 1000 亿元人民币，国开行、进出口银行将分别提供 2500 亿元和 1300 亿元等值人民币专项贷款，用于支持“一带一路”基础设施建设，以及产能、金融合作。

在高峰论坛的 76 大项、270 多项具体成果中，涉及国开行的就有 5 大项、25 项具体成果。其中，设立 2500 亿元等值人民币专项贷款包括 3 个子专项，即:1000 亿元等值人民币“一带一路”基础设施专项贷款，1000 亿元等值人民币“一带一路”产能合作专项贷款和 500 亿元人民币的“一带一路”金融合作专项贷款。

“国开行将按照开发性金融理念和方法选择项目，坚持项目的自偿性和可持续发展原则，成熟一个运作一个，拟通过 3 年左右的时间落实专项贷款。”国开行国际金融局负责人表示。

在专项贷款运作方面，国开行已很有经验。从 2009 年起，国开行就先后运作了非洲中小企业、中国 – 东盟国家基础设施、中国 – 哈萨克斯坦产能合作等专项贷款。

国开行目前资产规模已超过 14 万亿元人民币，发行的金融债券额超过 7.7 万亿元人民币，应该说 2500 亿元专项贷款的资金来源有充分的保障。那么，如何用好这 2500 亿元等值人民币专项贷款?

国开行国际金融局有关负责人表示，专项贷款就像一个“资金盘子”，具体落实还是要通过单个项目来运作，关键在于要选好项目。国开行在“一带一路”相关国家储备了500多个项目，主要集中在基础设施、产能合作、能源资源、金融合作、民生等领域，涉及融资金额超过3500亿美元。

“一带一路”建设不仅需要投融资合作，而且涉及大量的金融服务，包括代理行关系、银团贷款、资金结算和清算、项目贷款、账户管理、项目管理等。因此，无论是促进贸易畅通还是服务对外投资，都需要机构的网络化布局。

如今，国开行已形成覆盖全球197个国家和地区的境外服务网络，其中有1家境外分行、6家代表处和55个海外工作团队。在“一带一路”建设相关国家，国开行设有3家代表处，并派驻了20多个工作团队。不过，与“一带一路”建设需求相比，国开行在境外机构布局方面还有很大发展空间。

在总行层面，国开行已将国际业务部门升格为国际业务事业部，下设国际金融局和国际业务合作局。国际金融局是全行国际业务的综合协调和信贷管理部门，国际合作业务局是国际业务区域推动部门，下设欧亚业务部、亚太业务部、美非业务部。

2016年3月17日，国开行还联合中国金融四十人论坛、清华大学、丝路基金、中国开发性金融促进会等五家机构，发起了为服务“一带一路”建设而生的特色新型智库——丝路规划研究中心，首任理事长为陈元。丝路中心旨在对“一带一路”倡议面临的重大、紧迫和关键问题开展前瞻性研究，运用开发性金融方法开展区域、产业和系统性融资规划，构建国际规划体系，为“一带一路”倡议实施提供融智支持。

第四节　开发性金融走向国际

开发性金融理论走向国际

2017 年 4 月，国际顶级期刊 *Economic Policy* 上刊载了一篇论文 *From Global Savings Glut to Financing lnfrastructure*（《利用全球过剩借蓄为基础设施融资》），对开发性金融的理论与实践给予了高度评价，并提出了开发性银行的新模式。

这篇文章之所以在国际金融界颇受关注，除了对开发性金融这个历久弥新的课题进行了扎实、深入的研究，还因为这是著名经济学家的联袂之作——国际货币基金组织经济学家拉巴·阿尔扎基、哥伦比亚大学教授帕特里克·博尔顿和诺贝尔经济学奖获得者约瑟夫·斯蒂格利茨。他们在文章中指出，开发性银行在减少市场及政府失灵方面可以发挥基础性作用，但由于自身资金有限，开发性银行应该更多地扮演项目发起者和分配协调者的角色，同时发挥项目“守门人”的作用，吸引长期机构投资者进入基础设施投资领域，促进长期储蓄向基础设施投资的积极转化。

2017 年 6 月初，帕特里克·博尔顿来到中国，第一站就拜访了他尊崇的开发性金融理论家和实践家陈元，请教开发性金融在中国的探索、实践与思考。他们相会的地方是一座古香古色、富有中国传统文化气息的四合院，院子里斑驳的树影映衬出安静、愉悦的氛围。陈元也很高兴，他一直希望得到来自华尔街、国际货币基金组织、世界银行等国际社会的支持。

陈元坦诚地表示，开发性金融确实面临一个固化的意识形态障碍——主流经济学选择性地忽视开发性金融。而这种忽视来自于过去开发性金融机构的亏损，现在我们做到了盈利，一些人又觉得无法与原来的认识相吻合，所以选择闭上眼睛，假装看不见。不过在中国，这个问题不像国外那么严重，主流经济学处于社会经济发展和政治框架之内，影响力不如西方那么大。同时中国还面临一个现实，只要在促进经济发展的同时，自身还能盈利，这个商业机构自然就有了生存的合理性。帕特里克·博尔顿深以为然。

在 2017 年 8 月举办的“中国金融四十人伊春论坛”上，陈元再次提炼了他对开发性金融的思考，将其概括为：“开发性金融是为实现国家战略而发展出来的一系列市场化的金融，其基本特征区别于财政性的拨款、减让性融资支持，是完全用市场的方法来实现国家战略。”

他认为，开发性金融可以分成两类。第一类是运用现成的市场去实现国家战略，比较接近于商业金融。但商业金融往往是运用市场获取最大利益，国家战略在其中的地位和角色不够清晰。第二类比较难，是没有市场，却仍然要用金融方法实现国家战略。开发性金融的资金是通过国家信用的市场化得来的，必然要用市场化的方式来运用，否则难以生存下去。“所以，开发性金融面对的将是一个创造市场的过程，不创造市场，资金运用就会出现问题，就会出现大额不良贷款风险，甚至出现金融危机。”陈元说。

周小川亦对开发性金融有深刻的理解。他将其概括为：服务国家战略、依托信用支持、不靠政府补贴、市场化运作、自主经营、注重长期投资、保本微利、财务上有可持续性的金融模式，介于减让式和商业性资金支持之间，但更偏商业性一些。

在周小川看来，20 世纪 90 年代后期，国开行支持的基础设施、基础产业、支柱产业以及后来支持的企业“走出去”、普惠金融、助学贷款、扶贫等项目都属于开发性金融的范畴，包括近年来在“一带一路”沿线开展的项目合作，贷款条件既不同于减让式贷款，也不完全等同于商业性融资，并且在没有财政补贴的情况下，实现了财务的可持续性，实际就是开发性金融的实践。①

开发性金融机构蓬勃发展

作为单独一类金融机构，开发性金融机构在国际上广泛存在。早在 1979 年，就成立了世界开发性金融机构协会，成员遍布全球 100 多个国家和地区，KfW、国开行等都是协会成员；二十国集团内也设有“二十国集团国家开发性及公共性金融机构”，成员国主要由开发性金融机构组成，国开行也是成员之一。

不过，开发性金融机构在各国的发展一波三折，并不顺利，

---

① 周小川 . 共商共建“一带一路”投融资合作体系 [J]. 中国金融 ,2017(9):6–8。

有的规模萎缩，有的一度被边缘化甚至私有化。2008 年的国际金融危机成为开发性金融重回繁荣的一个转折点。

曾有一种观点认为，开发性金融机构在适当的经济发展阶段可以“淡出人们的视野”。比如在房利美之前，美国解决低收入群体的住房融资问题主要靠一家开发性金融机构——复兴金融公司。后来，政府试图用市场机制解决低收入家庭与个人的住房问题,私人控股的房利美应运而生。但 2008 年的“次贷危机”证明，一个市场化运营的机构为了股东利益最大化，难以兼顾社会福利最大化。房利美最终被美国政府重新接管。

金融危机之后，各国都开始反思政府信用在锚定市场信心、稳定金融体系中的作用。一方面，“市场失灵”长期存在，开发性金融可撬动大规模资金来催化投资，弥补市场空白。另一方面，各国面临越来越复杂的全球挑战，包括基础设施建设需求，实现可持续发展目标，等等，完成这些任务需要动员上千亿甚至万亿美元的财政资源，而开发性金融作为政府与市场之间的桥梁，服务国家战略的功能无可取代。

因而，各国的开发性金融机构在经历 2008 年的金融危机后，逐渐得以繁荣。如德国不断扩展德国复兴信贷银行的业务，扩大全球业务领域；日本暂停了开发性金融机构的民营化进程；韩国则始终致力于强化产业银行执行国家政策的职能，并希望将其打造成国际一流水平的国际投资银行。

开发性金融在中国虽经历几番周折，但丰硕成果亦让世界瞩目。英国《金融时报》2016 年 5 月 17 日报道，波士顿大学和中国社会科学院学者的研究表明，“中国正成为开发性金融领域的全球领导者”。[①] 该报告估算，仅十多年时间里，中国开发性金融机构的海外放贷已经使全球经济可获得的此类贷款总额翻倍，国家开发银行和进出口银行在国内外的总资产远超过 2 万亿美元。实际上，国开行已成为全球最大的开发性金融机构和对外合作银行，资产规模达到世界银行、亚洲开发银行、非洲开发银行等国际开发性金融机构的总和。

除了国开行，中国又相继参与或发起设立了金砖国家新开发银行、丝路基金、亚洲基础设施投资银行（简称亚投行）等多边开发性金融机构。

金砖国家新开发银行成立于 2014 年 7 月 15 日，由中国、巴西、俄罗斯、印度、南非等 5 个金砖国家创始成员共同出资 1000 亿美元成立，总部设在上海。2015 年 7 月 21 日，金砖国家新开发银行在上海开业，意在成为“金砖能源联盟”的重要纽带。

2017 年 9 月 4 日，财政部副部长史耀斌与金砖国家新开发银行行长卡马特签署协议，中国向该银行项目准备基金捐赠 400 万美元。金砖国家新开发银行成立的前两年里，批准了 11 个贷款项目，总金额超过 30 亿美元。其中，大部分资金投入到了太阳能、风能、小型水电、绿色能源传输等可持续发展项目。预计到 2018 年底，金砖国家新开发银行的贷款总额将会达到 80 亿美元。

丝路基金由外汇储备、中国投资公司、进出口银行、国家开

① 资料见于 http://www.cctvfinance.com/gjcj/2016051927927.html。

发银行共同出资，于2014年12月29日在北京成立。正如其名，丝路基金重点致力于为“一带一路”框架内的经贸合作和双边多边互联互通提供投融资支持，与境内外企业、金融机构一道，促进中国与“一带一路”沿线国家和地区实现共同发展、共同繁荣。

丝路基金是中长期开发投资基金，通过以股权为主的多种投融资方式，重点围绕“一带一路”建设推进与相关国家和地区的基础设施、资源开发、产能合作和金融合作等项目，确保中长期财务可持续和合理的投资回报。

另一个重要的政府间性质的亚洲区域多边开发机构是亚投行。亚投行最早于2013年10月由国家主席习近平提出筹建倡议，并于2015年12月25日正式成立。总部设在北京，法定资本1000亿美元。这是首个由亚洲发展中国家共同发起并主导的多边开发性金融机构。截至2017年5月13日，亚投行有77个正式成员国。

亚投行的职责主要是：通过开发性金融工具，重点推进亚洲区域的基础设施及其互联互通建设，打破各经济体之间投资、贸易和人员往来的屏障，带动投资增长，促进贸易以至全球经济血脉更加畅通，为构建更加广泛、更高水平、更深层次的开放型区域经济和世界经济提供基础保障。

亚投行等机构的设立，壮大了开发性金融的阵容，让这支独具特色与能量的生力军，在实现政府发展目标、促进中国及周边国家经济繁荣中发挥着越来越重要的作用。

回头来看，开发性金融在中国从萌芽、发展到壮大，是中国经济社会发展特殊阶段的产物，亦是国家开发银行等先行者身先士卒、披荆斩棘开创出来的新天地。国开行自成立以来的20多年间，经历了数轮改革洗礼，一直努力挣脱内外部的观念桎梏和制度枷锁，而今终以全球遥遥领先的市场业绩，证明了开发性金融是金融体系中不可替代的重要部分，是实现政府发展目标、弥补市场失灵、提高社会资源配置效率的利器。这是几代开行领导者“家国天下”的情怀、审时度势的智慧造就的，亦是8000多位国开行人同力协契、不懈奋斗的成果。可以预见，在全球开发性金融风起云涌之际，国开行及其他开发性金融机构的道路也将越来越开阔。

后记

这是一次漫长的写作。此前写过一本同类题材的书《变革二十年》，从写作到出版只用了一年，而这次耗时近七年，始料未及。确立课题，收集素材，采访及写作起步于2011年4月，随后七年间，政策环境柳暗花明，市场形势一日千里，国家开发银行的改革发展峰回路转，高层管理团队新老更迭……对于写作者而言，这是既幸运又痛苦的事。幸运的是总有新鲜素材添加进来，故事更饱满更完整；痛苦的是，历史的脚步永远向前，一日不付梓，书稿便永无完工之日。有几次，当我从异常繁忙的工作中抽身出来，准备封笔完稿时，发现国开行又有新故事了，再次收集资料、提笔补充，又蹉跎数月。朋友笑我："照此节奏，这本书你可以一直写到老。"

其实，国开行的理论研究和行史整理一直做得很好，也很重视与外部专家合作开展研究，当我接到这个项目时，不免有几分忐忑。作为一个局外人，我在史实的准确性、理论的深度上很难超越他们已有的研究成果，写作的价值何在？2011年，时任国开行行长蒋超良先生的一番话为我推开了一扇窗。他认为此书最好是"写给普罗大众看，而不是给学者看"，希望我作为一个独立的第三方，以客观、冷静的视角去观察和描摹国开行的成长历程，并在可读性、趣味性上多下功夫，让这家看似"神秘"的银行被更多人了解。如果说国开行自己编撰的史书是正史的话，这本就是通俗版的列传。也正是蒋先生的推荐，让我得以近距离观察国开行，并采访到陈元先生。

2011 年 6 月 17 日，我第一次采访了时任董事长的陈元先生，这时他已坐镇国开行 13 年，开行的历史就像一支钢琴三重奏，在他言谈间行云流水般弹奏出来，兴之所至，弹到哪里都是故事。陈元的语言远比那些写他的报道、报告生动得多，一边讲故事，一边就把开发性金融理论穿插其中讲完了，浑然一体。听完他的讲述，你会感到开发性金融理论有根基、有土壤、有高度，绝不是凭空冥想出来的“理论”。其间，他谈及“芜湖模式”如何演变成城市建设的模板，谈及在全球投棋布子开展国际业务，为国家石油战略拿下 250 亿美元的超级大单，等等，兴奋之情溢于言表，原定一小时的采访延长到两个半小时。印象最深的是，他有一套不同常人的逻辑，思考问题的出发点不是国开行的业绩、收益，而是“服务国家战略”“社会发展需要”，这些词语从一般人嘴里冒出来会显得做作和突兀，他说出来却那么自然、合理。或许只有把国家利益刻进骨子里的人，才能像谈论家事一样平静而自然地谈论国家战略吧。

感谢国开行许多领导在采访中提供了大量一手材料，感谢原董事长陈元、原行长蒋超良、现任董事长胡怀邦、现任行长郑之杰、原副行长高坚、原副行长刘克崮、原副行长李吉平、原副行长袁力、董事会秘书陈民、中非发展基金董事长迟建新、首席经济学家刘勇、原国际金融局局长梁惠江、国开证券董事长张宝荣、原国开证券总裁黎维彬、原新闻发言人陈铁林、高级顾问刘大为、时任办公厅处长马荣宝等领导，还有很多受访者限于篇幅而未列举，在此一并谢过。他们是历史的创造者和亲历者，给我讲述了众多事件背后的逻辑，以及大量不为人知的细节，让我有机会为读者呈现一家有故事、有温度的银行。感谢央行研究局原副局长张涛，作为国开行改革方案的设计者之一，他的研究尤为深入、务实且视野开阔，对我厘清写作思路提供了很大启发。

特别感谢国开行政策研究室主任李小涛、副主任张岩和教育培训局局长刘进，他们先后帮助我联系了几十位受访者，包括董事长、行长、二十多位现任和离任的局长。在他们的大力支持下，我所收集到的素材和采访成果如此丰硕，大事、趣事如此之多，令人难以割舍，洋洋洒洒下笔万言，初稿竟达30余万字。碎片化阅读时代的读者如何耐得住性子读这么厚的书？与其让人束之高阁，不如自己下手，精简到位。繁冗之处能删便删，只基于开发性金融形成的主要脉络，留下相对重要和精彩的部分，如此精简竟删掉了近半篇幅。

感谢本书的主要策划人王海明，他筹划和安排了相关的合作事宜，并不时帮我点拨写作思路。非常感谢廉薇、耿丽颖、张力和章辰磊，他们陪同我采访，并承担了部分章节的初稿起草工作，后期廉薇又帮我做了修改，分担了我很多压力。感谢马冬冬不厌其烦地坚持敦促我一遍又一遍地修改，感谢中信出版集团总编辑乔卫兵和本书的责任编辑黄静、刘洁，营销编辑冯奕堂为本书的出版所付出的辛苦工作，同时感谢他们以极大的耐心忍受我的反复修改。

时间奔涌向前，历史在每一轮太阳升起时翻开新的一页，我试图把宏大的事件、鲜活的思想、进退维谷的抉择瞬间，都刻进字里行间。但发现，越是用力刻下这一瞬，越是抵不住遗憾。这是每个纪实类作者的遗憾，也是我个人功力有限而不得不接受的缺憾。再次感谢所有支持过本书的专家、老师、伙伴和读者，文中如有不妥之处，欢迎指正！

吴雨珊于北京

2018 年 3 月